シリーズ「遺跡を学ぶ」003

古墳時代の地域社会復元

三ツ寺I遺跡〈改訂版〉

若狭 徹

新泉社

古墳時代の地域社会復元

―三ツ寺I遺跡〈改訂版〉―

若狭　徹

【目次】

編集委員
勅使河原彰（代表）
小野　昭
小野　正敏
石川日出志
小澤　毅
佐々木憲一

装　幀　新谷雅宣
本文図版　松澤利絵

第1章　首長居館の発見

1　居館発見以前

乗降客でにぎわう東京駅から上越新幹線に乗車して新潟方面へと向かう。窓際の座席に陣取り、流れる景色を楽しむことおよそ五〇分、丘陵上に建つ巨大な観音像を左手に見ながら、列車は群馬県の高崎駅に到着する。ここは複数の鉄道や主要国道が集まり、分岐する交通の要衝で、古くから山岳部と平野部の情報・物資が交差する地域であった。

短い停車時間をへて高崎駅を発すると、やがて車窓には長い裾野を引きいくつもの峯を重ねた榛名山《はるなさん》の雄姿を認めることができる。その山麓部は、かつて古墳時代の有力首長たちが輝かしい活動を演じた舞台であった。青みを帯びた美しい山容に目を奪われている間、列車はある遺跡の上を駆け抜ける。本書が取り上げようとする三《み》ツ寺《でら》I《いち》遺跡の上を。

ほどなく新幹線は轟音をたてて、榛名山を貫通するトンネルに突入する。ここから新潟県側までは、一部に日の光を見る以外、長い長いトンネル地帯が連続する。

巨大古墳の時代

三世紀後半から七世紀にかけて、日本列島各地に数多くの古墳が築造された。さまざまな墳形を示す古墳のなかでもヤマト王権のシンボルとなったのは、円丘と方丘が結合した形を呈する前方後円墳であった。墳丘の長さが五〇〇メートルを超える大阪府堺市の大山陵《だいせんりょう》古墳（仁徳陵《にんとくりょう》古墳）がその最大のものであるが、およそ一〇〇メートル内外の規模に範囲を広げれば全国で約三〇〇基以上の前方後円墳が知られている。

狭い国土のなかで、これだけ多数の大型墳墓が築造されたのは世界史的にみても希有な現象で、そこに注ぎこまれた労力はきわめて膨大であった。このことは、古墳造

図１●峯峯を重ねる榛名山
この火山の東南麓には、長い裾野を引く扇状地が形成されている。
ここが古墳時代首長たちの活動の舞台だった。

りが単に「墓を造る」という次元を超え、集団維持や再生産のための社会システムとして不可欠な機能を有していたことを推定させる。同時に、それだけの土木工事を支えうる経済力や組織力が各地の在地社会に蓄積されていたことを証明しているのである。

ここでは、そうした地域社会の諸活動を主導したリーダー層を「首長《しゅちょう》」と呼んでいくことにしたい。

不明だった首長居館

多くの巨大古墳とそこから出土する輝かしい品々は、わたしたちの関心を惹きつけてやまない。しかし、往時の首長らはなにも墓造りだけにすべての力を傾注したわけではない。むしろ地域を統治するための政治・経済・軍事・宗教的諸活動こそが主体だったのである。そして、彼らは地域経営の拠点としての「居館《きょかん》」を構えていたはずだ。したがって、多数の古墳があれば、その数に見合うだけの居館も存在したと考えるべきであろう。ところが、数十年前まで首長居館の実像はほとんど解明できていなかったのである。

明確な首長居館の遺構が発見されたのは一九八〇年代になってからである。それ以前は、奈良県佐味田《さみた》宝塚《たからづか》古墳から出土した家屋文鏡《かおくもんきょう》の図案や、古墳の墳頂部から出土する家形埴輪群などの遺物から、居館の全体像を類推するほかない状況であった。

図2●三ツ寺Ｉ遺跡の位置

2　姿をあらわした巨大施設

「島畑」調査へ

大発掘最後の調査区　一九七〇年代後半、群馬県内は経済バブル期の走りともいえる建設ラッシュの渦中にあった。上越新幹線と関越自動車道の二大幹線が着々と建設中で、両路線にかかる埋蔵文化財の発掘もまた未曾有の規模でおこなわれていた。両幹線は県中央を南北に縦断して計画されていたので、まさに地域を解明するための大発掘区が設定されたに等しい。予想どおりこの発掘では、北関東の考古学を大きく進展させる発見が相次いだ。

一九八一年、上越新幹線建設にともなう発掘調査は、最終局面を迎えようとしていた。榛名山東南麓部で最後に残されていたのは、用地交渉などが難航していた高崎市（旧群馬町）三ツ寺・井出地区周辺だけであった。開通を目指して南と北から本線の工事が進んでくるなか、この年ようやく最終部分の調査が着手されたのである。

島畑を掘る　その地点は、猿府川《さるふがわ》という小河川がちょうど屈曲する部分にあたり、川が形成した狭小な谷底平野には水田が営まれていた。水田の中には一辺九〇メートル、高さ二メートルほどの方形の高まりがあり、畑や桑園として利用されていた。地元の人たちはそこを「島畑《しまばたけ》」とよび慣わしていた。

同年五月、群馬県埋蔵文化財調査事業団の下城正《しもじょうただし》と女屋和志雄《おなやわしお》らを担当者とする調査班が現地に着任し、いよいよ発掘調査が開始された。

図3 ● 発掘以前の三ツ寺Ｉ遺跡
（上方が北）
水田地帯の中に中央を道路で貫かれた島状の高まりがある。ここが古墳時代の首長が政治や祭祀を執行した居館であった。北から東の湿った部分が猿府川の河道で、西と南の水田が堀の跡である。

図4 ● 北西方向からみた居館
検出された巨大な張出施設。人頭大の川原石が整然と積まれている。低いところが堀で、深さは３ｍ以上ある。

集中する特異な遺構　島畑の上の表土を剥がしていくと、ほどなくおびただしい数の柱穴の跡が姿をあらわした。あるものは方形に並ぶことから建物の存在を教え、あるものは一列に並んで柵のような仕切りが存在したことを暗示した。

関東地方の古墳時代の遺跡では、地面を四角く掘り込んだ「竪穴住居」はふつうに発見されるが、地表に柱穴を掘り、柱を立てた「掘立柱《ほったてばしら》建物」の事例はあまり多くない。したがって島畑の上の様相は、この遺跡の特異な性格を十分に予見させた。続いて玉石《たまいし》が敷き詰められた

図５●姿をあらわした居館（上方が北）
島状の高まりからさまざまな遺構群が姿をあらわした。規則的な穴の並びから、大きな建物や柵列の跡が見てとれる。館の縁には張出があり、積み石がなされている。南北から上越新幹線の工事が急ピッチで進められている。

一角も見つかり、祭祀に用いる滑石《かっせき》製の形代《かたしろ》（石製模造品）が多量に出土した。また島状地形そのものが厚さ一メートルほどの人工的な盛土をともなうことも判明し、ただならない性格をもつ遺跡であることが徐々に明らかとなってきた。

さらに、島状地形周囲の埋没谷と思われた部分は、人為的に掘削した堀であることも解明された。堀の幅は広いところで四〇メートル、深さは三メートルにもおよび、たいへんな土木工事をともなったことが明らかであった。また、島状地形の外縁ラインには、各所に大規模な張出部《はりだし》が造り出されており、その斜面にはびっしりと川原石が積まれていたのである。これらの遺構は、出土品からみていずれも五世紀後半の同じ時期に営まれたと推定された。

巨大な計画的構造物　ここにいたって三ツ寺I遺跡の重要性・特異性は決定的なものとなった。すなわち、大規模な堀をめぐらせた中に九〇メートル四方ほどの人工的な高まりを設《しつら》え、その上に建物、柵、祭祀の施設などを有機的な関係をもって配した類例のない巨大遺構であることが明らかとなったのである。調査担当者は、こうした計画的な大規模施設を古墳時代の首長（豪族）にかかわる居所や祭儀の場所と考えるほかないとの結論に達した。一九八一年一一月五日、「わが国ではじめての古墳時代の豪族居館」として三ツ寺

図6 ● 出現した堀と石積み
島畑周囲の水田部分を掘り下げると深い堀が姿をあらわした。斜面には川原石が積み上げられている。湧き出す水と格闘する現場の人びと。

Ｉ遺跡の発見は新聞に報じられた。

古墳との対応関係　さらに、この遺跡を語るうえでもうひとつ重要な点がある。三ツ寺Ｉ遺跡が首長の居所であり生前の活動の場であるとすれば、その人物は死後どこに葬られたのだろうか。また、どの程度の規模の古墳が対応するのであろうか。この疑問は誰しもいだくところである。その答えが三ツ寺Ｉ遺跡の北西一キロの地点に存在する保渡田《ほどた》古墳群である。

二子山古墳（墳丘長一〇八メートル）・八幡塚《はちまんづか》古墳（九六メートル）・薬師塚古墳（一〇五メートル）の三つの大型前方後円墳が群在する保渡田古墳群は、五世紀後半に相次いで築造され

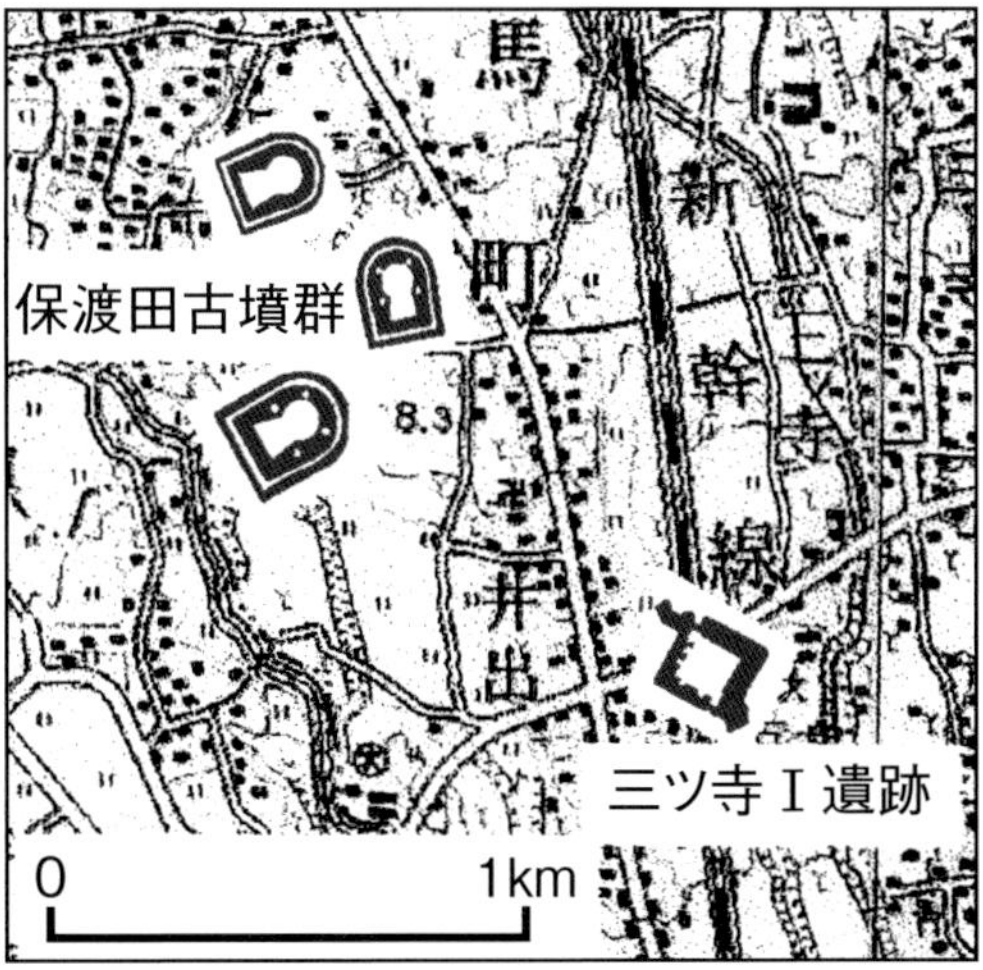

図7 ● 三ツ寺Ｉ遺跡と保渡田古墳群

図8 ● 三ツ寺Ｉ遺跡と関連を有する保渡田八幡塚古墳
三ツ寺Ｉ遺跡北西にある保渡田古墳群のひとつ。5世紀後半に造られた墳丘長96ｍの堂々たる古墳である。発掘ののち往時の姿に復元整備され、公開されている。

たもので、まさに三ツ寺I遺跡の継続時期に符合する。はじめて確認された大規模首長居館と、その対応する「奥津城《おくつき》」（＝墓、霊域）までもが特定できることは画期的であり、考古学界の注目はいっそうこの榛名山東南麓地域に注がれることになった。

モデルとなった三ツ寺I遺跡

類例の急増　考古学の世界では、新たな発見の後、つぎつぎに類例が続出することがある。見極める視点が定まり、注意が喚起されるからであろう。三ツ寺I遺跡の後もまた、首長居館とされる遺跡がぞくぞくと発見された。一〇年を経て一九九一年に雑誌『季刊考古学』三六号で首長居館が特集された段階では、全国で四四カ所が例示されるまでに至っており、その数は今でも増えつづけている。

イメージのビジュアル化　一九八一年以後、いち

図9 ● 三ツ寺 I 遺跡復元模型（旧来の復元案）
群馬県埋蔵文化財調査事業団が製作したもの。張出部にはヤグラが想定され、居館の防衛性を強調している。

早く類例の集成と分析をおこなった橋本博文の研究を嚆矢として多くの研究者の発言がなされ、首長居館関係のシンポジウムがいくつも企画された。そうしたなか、三ツ寺Ｉ遺跡のデータの整理作業は慎重におこなわれ、発見から七年たった一九八八年、ついに正式な報告書『三ツ寺Ｉ遺跡』が世に送り出された。

それを記念して群馬県立歴史博物館では企画展『古代東国の王者』が開催された。展示図録には、調査担当者の監修による「三ツ寺Ｉ遺跡復元イラスト」がカラーで掲載され、ビジュアル化が果たされた。手前に三ツ寺Ｉ遺跡の居館を配し、周囲に集落や耕地、後方に保渡田古墳群や榛名山が描かれたイラストは、わたしたちに古墳時代社会の姿を生き生きと焼き付けてくれたのである。また同じころには群馬県埋蔵文化財調査事業団が復元模型を製作し、遺跡のイメージはより立体化された。

これによって、三ツ寺Ｉ遺跡は古墳時代首長居館の典型例として歴史学界に定着した。その後も多くの復元イラストが提示され、図説・一般書籍・教科書などに頻繁に引用・掲載された。これらのイラスト類には若干の異なりがあるものの、四周の堀に水を満々とたたえた石積みの外形が強調されている。また館周囲の張出施設にヤグラが描きこまれて、遺跡の防衛色を鮮烈に想起させるものになっている。このイメージには問題も多いと思われるが、それは以後検討していくことにしよう。

第2章　館の構造を読み解く

1　三ツ寺I遺跡の位置と全体像

古代上野国枢要の地

群馬県の地理と上毛野国　群馬県は三方を山岳に囲まれ、南東方向には広大な関東平野が開けている。山岳地帯に源を発する大小の河川は、やがて県央部を流れ下る利根川に集まり、関東平野の水源として機能している。もっとも群馬県内を流れる現在の利根川は、中世の大氾濫によって川筋を西に移動したものであり、古代には、いまよりずっと東側の赤城山の山裾を洗って流れていた。

利根川を境にして、群馬県の風土は大きく二分され、川より東を東毛《とうもう》、西を西毛《せいもう》と呼び慣わす。「毛」とは、群馬県地域の古称である「上毛野《かみつけの》」に由来するものだ。

飛鳥時代（七世紀）の都であった奈良県の飛鳥藤原宮から、「上毛野国 車評《くるまのこおり》 桃井里大贄《にえ》鮎」と書かれた木簡が出土している。木簡とは短い文書を書き付けた小さな木板のことで、これは上毛野国から都に送った鮎に添えられた荷札だった。この資料によれば、七世紀段階ではすでに「上毛野（国）」という大地域呼称や、「車（評）」という後の郡に相当する呼称があったことが明らかである。それは、少なくとも直前の古墳時代後半までは遡りうるものであろう。

群馬郡と三ツ寺I遺跡　飛鳥時代末の七〇一年（大宝元）に制定された大宝律令によって地方行政の単位である国―郡―里（郷）制が敷かれ、奈良時代初期の七一三年（和銅六）には郡・郷の名を好字で二字に改めよ（『続日本紀』・『延喜式』）との政令が発布された。これに従い、上毛野から「毛」をはずして「上野《こうづけ》（国）」の呼称が生まれ、「車」の一字を「群馬《くるま》」の二字に改訂して「群馬（郡）」が誕生した。

三ツ寺I遺跡は、西毛地域の要にそびえる榛名山の東南麓、標高一二〇メートルあたりに所在している。ここは、まさに上毛野国車評＝上野国群馬郡にあたる場所だ。群馬郡は、奈良時代以降、上野国の政務を司った国府や、宗教・文化活動の要となった国分二寺（国分僧寺・国分尼寺）が置かれた地であった。したがって、三ツ寺I遺跡は古代上野国の枢要の地にあるといってよい。いや三ツ寺I遺跡こそが、その華を開いた源だといえるのだが、このことは追々明らかにしていきたい。

榛名山の山麓地形と三ツ寺I遺跡　活火山である榛名山は、度重なる噴火によって山体崩落、火砕流、泥流の発生をくり返した。その結果、東南麓には緩やかで広大な扇状地が形成された。

そこには中小河川が放射状に流れ下り、山麓の伏流水を集めながらしだいに流量を増し、やがては東方を流れる利根川や、南方を遮断する烏川《からすがわ》に注ぐ。このように、群馬郡地域は、榛名山と利根川・烏川に画されたおおよそ三〇×一〇キロの範囲を占めるものである。

エリア内の地形を榛名山中心にみると、傾斜の強い山体部、扇状地形で緩やかに傾斜する山麓部、平坦な低地部、と移行していく。

なかでも三ツ寺I遺跡は山体部と山麓部の境界あたりに存在し、中規模河川のひとつである井野川の東岸に立地する。よりミクロにみれば、井野川の支流である猿府川という小河川を直接のよりどころとして成立していた。

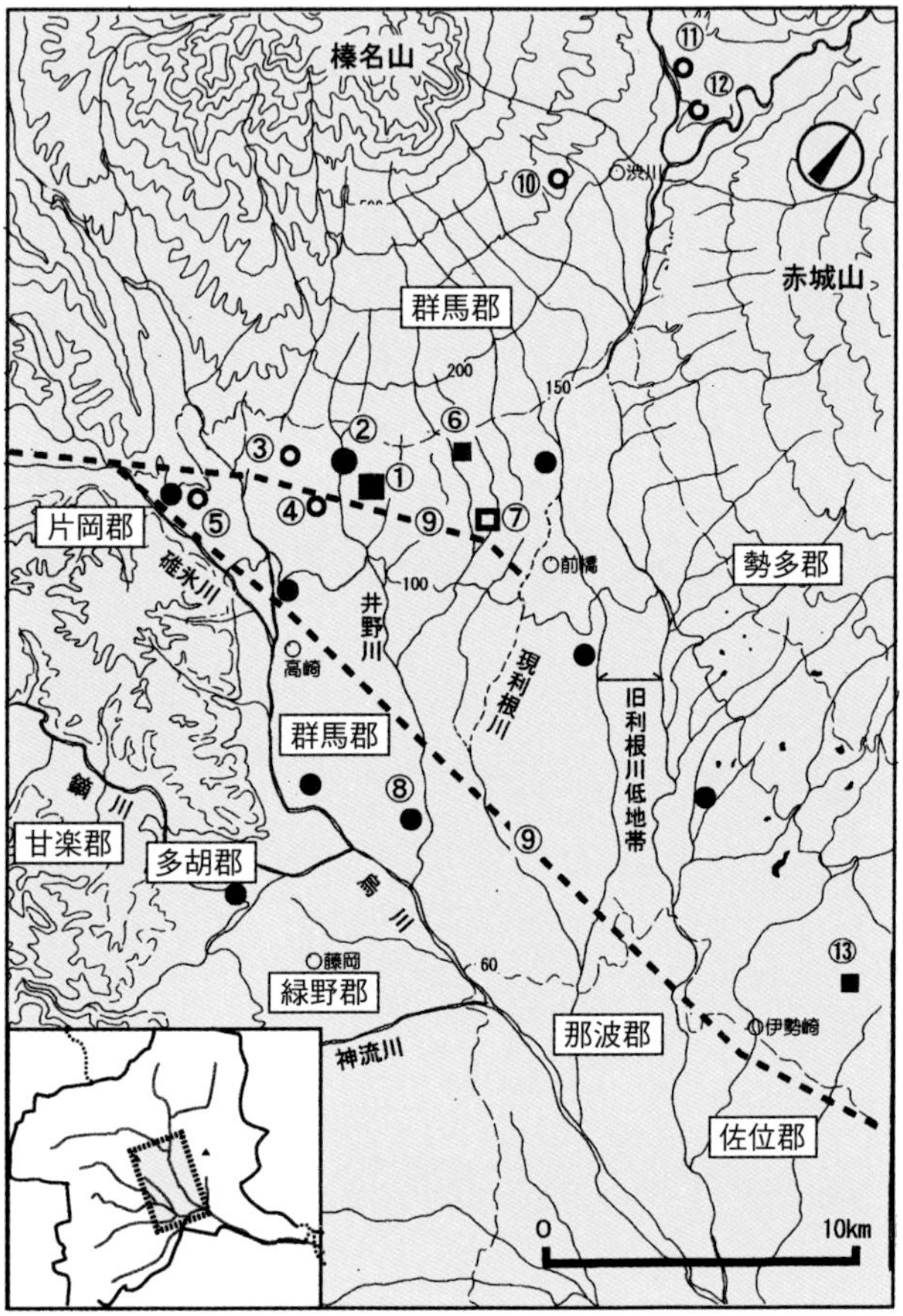

■首長居館　●5世紀前半の前方後円墳　○その他の遺跡　□国府

①三ツ寺I遺跡　②保渡田古墳群　③下芝遺跡群（谷ツ古墳・五反田遺跡）
④御布呂・芦田貝戸遺跡　⑤平塚古墳・剣崎長瀞西遺跡　⑥北谷遺跡
⑦上野国府　⑧不動山・岩鼻二子山古墳　⑨東山道駅路　⑩中筋遺跡
⑪黒井峯遺跡　⑫白井・吹屋遺跡群　⑬原之城遺跡

図10 ● 三ツ寺I遺跡の位置と群馬郡

三ツ寺Ⅰ遺跡の全体像

　ここで、あらためて三ツ寺Ⅰ遺跡の全体像を概観しておこう。ただし、遺跡全体が発掘調査されたわけではない。わかっているのは上越新幹線の路線敷き部分、遺跡を貫く県道や猿府川の改修工事にともなう小規模な調査区を合わせた部分だけで、全体の四分の一程度にすぎない。その限られたデータから全形を推定するほかないのである。

　館の内部（以後「郭《かく》」と呼ぶ）はおよそ八六メートル四方の方形である。その上には厚く盛土がなされ、各種の建築物が建てられていた。郭の周囲には堀がめぐる。そのうち南と西の堀は人工的に掘

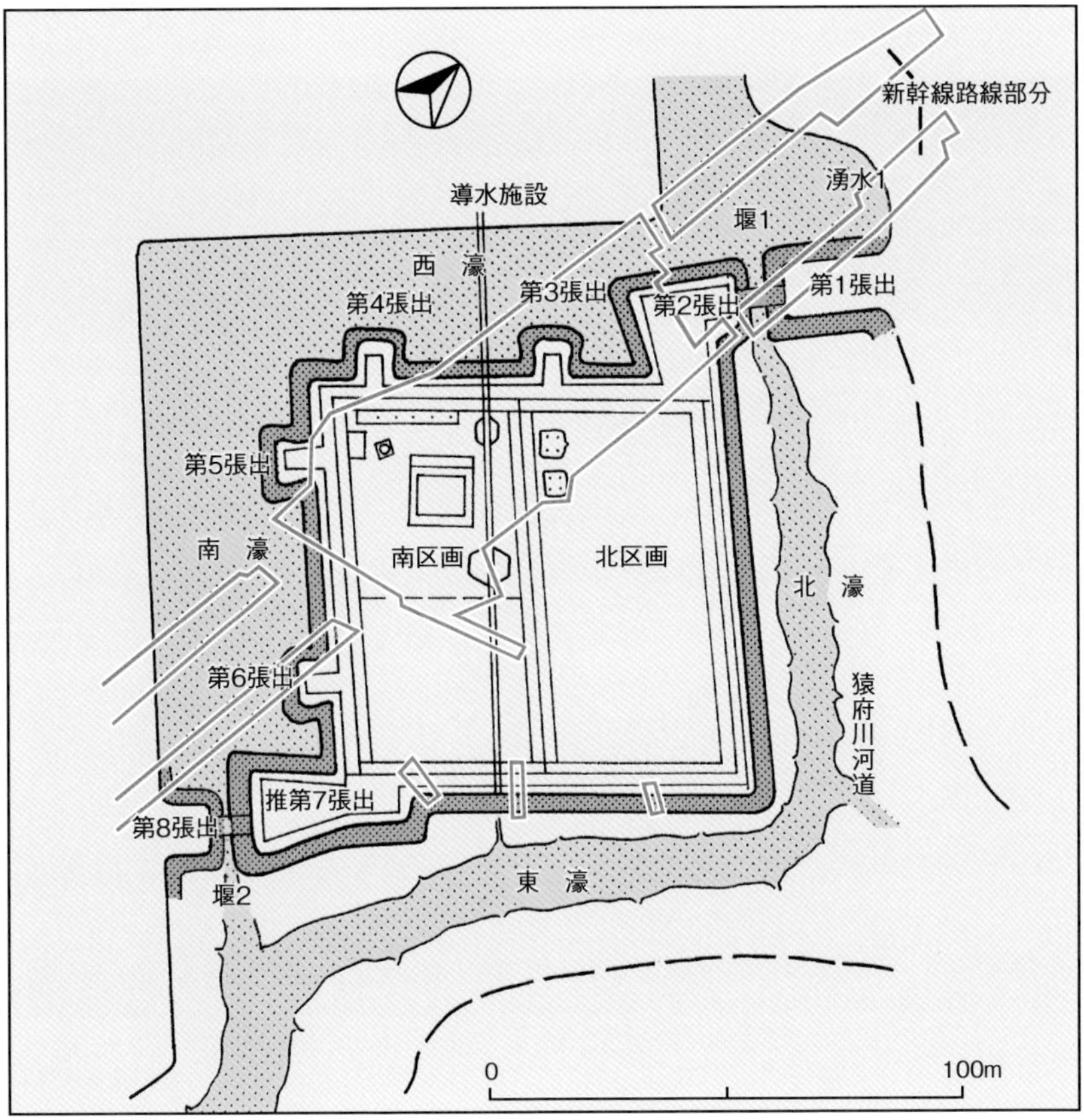

図11 ● 三ツ寺Ⅰ遺跡全体図

削されたもので、幅三〇～四〇メートル、深さ三メートルという桁外れの規模をもつ。北・東の堀は猿府川の流れを加工したものだが詳細は不明である。

郭の外縁には大きな張出がいくつも設置され、なかには出入口と水を遮断した堰を兼ねたものもある。内側の斜面には石積みが施されている。郭の外縁には堅牢な柵が多重にめぐらされ、内部はさらに柵によって南北に二分される。北の区画には竪穴住居が二棟以上存在する。南の区画には巨大な掘立柱建物をはじめとした建物群、井戸、二カ所の石敷《いしじき》施設がある。石敷施設には、館外部から水道橋で導いた水をかけ流す仕掛けが施されていた。

図12 ● 三ツ寺Ⅰ遺跡の復元模型（新しい復元案。筆者の監修による）
居館の構造を復元した模型。往時の館の様子をしのばせる。手前は台地側を掘りぬいた濠、奥は猿府川の河道を利用した低地となる。模型奥の建物群は未調査のため推定である。（かみつけの里博物館蔵）

堀まで含めた館の範囲は一五〇メートル四方（約二万三〇〇〇平方メートル）以上と推定されるが、さらに堀の外には土塁や柵などの結界施設が設けられた可能性があるため、本来の専有面積はもっと大きく見積もったほうがよいだろう。

三ツ寺Ｉ遺跡の全体的な姿をかいつまんで説明すると以上のようになるが、次節ではさらにこの遺跡のパーツを分解しながら考察し、構造的な理解を図っていくことにしよう。

２　濠を掘り、川を堰き止め、石を積む

掘削と盛土

川の利用と堀の開削　三ツ寺Ｉ遺跡は高崎市三ツ寺町・井出町にまたがって所在する。「井出」という地名が潤沢な水をあらわすように、一帯には山麓伏流水の湧出が数多く認められる。そうした湧水を源として、三ツ寺Ｉ遺跡にほど近い場所から発するのが猿府川である。

猿府川は遺跡の場所で東から南に屈曲する。その河道を居館の北および東の二辺の堀に利用するとともに、西方の台地側をＬ字型に開削して西・南の堀を構築し、なかに方形区画を造り出す。これが、三ツ寺Ｉ遺跡の基本設計であった。

堀は後に述べるように、水をたくわえることを前提に設計されたと考えられるため、以下では「濠《ごう》」（水をたたえた堀）と呼んでいくことにしよう。西と南の濠は、台地地形を幅三〇〜四〇メートル、深さ三メートル、延長二〇〇メートル以上の規模にわたって開削する大土木工

事によって成し遂げられたものである。

盛土造成　広瀬和雄によると、濠の掘削で排出された土量は二万四〇〇〇立方メートルと試算され、多くは郭の上面に盛りつけられた。盛土は厚いところで一・五メートルもあり、周囲よりも一段高く整地された。このために今日まで「島畑」状に残っていたわけである。さらに濠の外周には遺構が見られない空間がある。掘削であまった土砂は濠の外側にも盛り上げられ、居館域と外界を画する土塁（外堤《がいてい》）として機能した可能性も考えられる。

水を溜める仕掛け

堰の設置と西・南濠の湛水　館の北西端部には堅固な堤（第1張出、第2張出―本書では説明を簡便にするため調査報告書とは異なる名称を与えた―）が築かれ、猿府川の河道を狭めている。その間には、長大な角材を打ち込んで、出入り用の橋が架けられていた。橋には堰（堰1）が併設され、川を堰き止めていたとみられる。

二つの張出は幅一五メートルもあり、斜面に石が積まれている。水圧を受け止めるための設計であろう。ここで遮断された川の水は、台地側に掘られた西濠・南濠に流れ込むことになる。西・南濠にたまった土の層を観察すると泥土が厚く堆積し、水流が緩慢であったと判断される。だとすると、下流側にもう一つ堰があったはずである。残念ながら堰1の対角線上にあたる部

図13 ● 盛土層の様子
黄色いブロック状の層から上が盛り土。
断ち割られた穴は中心建物の柱穴である。

分には発掘が及んでいないが、崩落石の出土や現状の地割りからみて、同等の張出（推定第7・第8張出）と堰（推定堰2）があったと考えてよい。すなわち西・南濠は、二つの堰によって当初から水をたたえることを目的として設計されていたのである。堰1と堰2の高さの比較から、濠の水深は一メートル内外であったと推定される。

不明な北・東濠の構造　旧来の復元案では、猿府川の河道を利用した北・東濠もまた、水をたたえたように表現されている。しかし、この部分は未調査のためよくわかっていない。周辺の地形を検討すると、北・東濠全面に水を貯めるためには、居館の南東端に延長一〇〇メートル、高さ五メートルという長大な堤と堰を設けなければならない。または濠の途中に複数の堰堤を設け、水位を段状に調整しなくてはならない。とくに後者の可能性は十分に考えられるが、現状のデータでは北・東濠に水がたくわえられていたことは証明できない。

外周に石を積む

張出と石積み　郭の外縁には、西辺・南辺ともに二カ所の張出が存在する。北から順に第3〜第6張出と呼んでいこう。これらは、濠の掘削の際にあらかじめ削り出されたものである。北・東辺に同様の張出があるかどうかはわからないが、存在した可能性は高いだろう。

郭の外斜面は見事な石積みでおおわれている。石積みは川原石を用い、

図14 ● 北西部の橋脚
狭められた河道に打ち込まれた橋脚。
向こう側は第2張出部。

西辺で六〇度前後、南辺は三五度前後の傾斜角度を有していた。

裏込めの技法　石積みを断ち割ってみると、砂質土と石を混合した厚さ五〇センチ以上の「裏込《うらご》め」をおこなっていることがわかった。また、裏込めの奥には小枝を縦横に組んで滑り止めにしていた。こうした手法（敷《しき》粗《そ》朶《だ》工法）は古墳の葺石《ふきいし》にはあまり見られないものであり、施工にあたっては貯水池や堤防などの治水工事に長けた渡来人技術集団がかかわっていた可能性が高い。加えて、石積みは浸食防止という機能とともに、施設全体を荘厳に見せることに大きな効果を発揮したと思われる。深い濠に囲まれ、水に浮かび上がる石貼りの巨大施設―往時の人びとは驚きをもってこの施設を見たことだろう。

図15 ● 石積みの裏込め
石積みを断ち割ると裏込めの砂礫があり、奥には小枝が組まれている。

3　館内部には何があったか

張出の機能

張出の属性　全掘された第3張出は、郭の本体から八メートル張り出し、前幅は一三メートルを測るもので、縁に添って柵列がめぐらされる。第7張出の付け根には門のような施設が認められ、郭内と張出との往来が可能であったようだ。一部の復元図などに、張出上にヤグラが描かれているものを見かけるが、実際にはヤグラを支えるほど大きな柱穴や盛土の跡を見出すことはできない。

防衛施設説　では、張出は何のために設けられたのだろうか。都出比呂志《つでひろし》ら多くの研究者は防御のための構造だと考えている。

古墳時代に先立つ弥生時代はクニグニの抗争がくり返された時代であり、各地に多くの環濠《かんごう》集落（濠をめぐらせたムラ）が築かれた。なかでも九州地方の環濠集落には、濠の各所に張出をもつものがあり、有名な佐賀県吉野ヶ里遺跡ではそこに物見のための高楼が復元されている。さらに時代がくだった中世の城館にも「横矢升形《よこやますがた》」という張出があり、攻め寄せる敵を側面から射るための防御施設として機能した。

これらとの形態上の類似から、三ツ寺Ⅰ遺跡の張出もまた防衛施設と考察されたわけである。

儀礼空間としての張出　しかし、張出施設は軍事系の用途に限られていたわけではない。墳墓にも張出をともなう例はふんだんにあげられるのだ。山陰地方や山陽地方の弥生時代墳墓にも張出は付設されるし、古墳に

図16 ● ほぼ全掘された第3張出
人とくらべるとその巨大さに圧倒される。石積みもよく残り、見事である。
張出に沿ってめぐる直線的な溝は、柵の跡である。

も「造出《つくりだし》」と称される張出部が設けられる。これらは葬送にともなう祭祀の場所であった。そもそも前方後円墳の前方部自体が弥生墳墓の張出施設が発展したものであることを忘れてはならない。また、最近発見例のふえた聖水祭祀の施設―井泉《せいせん》祭祀・導水祭祀遺構―にも水場や流路にせりだして張出が存在している。

このように、張出施設は祭儀の場所、祭儀の舞台という用途をもって広く存在したものでもある。後に述べる三ツ寺I遺跡の性格から、筆者はこちらの説を提唱したい。

三重の柵列に画された空間

三重の外周柵　三ツ寺I遺跡の郭の縁辺には柵（塀）がめぐらされる。遺跡は数回にわたる改築を経ているが、当初は柵列が二列設けられ、やがて三列に増強されている。

もっとも外側の第1柵列は、柱穴とそれを結ぶ布掘り（溝）をともなうもので、支柱を立て、柱間を塞ぐための板材もしくは枝材を溝に落とし込んでいたと考えられる。

第2柵列はさらに大規模である。布掘りは幅一メートルほどであり、その中に四角形の柱穴が並ぶ。柱穴は八〇センチ角と大きく、深さは一メートルもある。穴の土層観察から、柱は直径二〇センチ以上もあり、柱間には厚さ七センチの板材が隙間なく落とし込まれていた。

第3柵列は柱穴だけが並ぶもので、柱と横木をつなぐ素通しの柵であった可能性が高い。

以上、三重の柵で囲まれた郭内は、堅く外界の視線から遮断された空間であった。

中央柵列　さらに、館のちょうど中央部分では、第2柵列から同じつくりの柵が直角に分岐し、その両側に第3柵列がまわり込み、内部空間を二分する「結界」（中央柵列）を成していた。このように柵列は外界と居館を分かつとともに、内部空間すら互いに視覚できないように大きく二つに遮断していたのである。

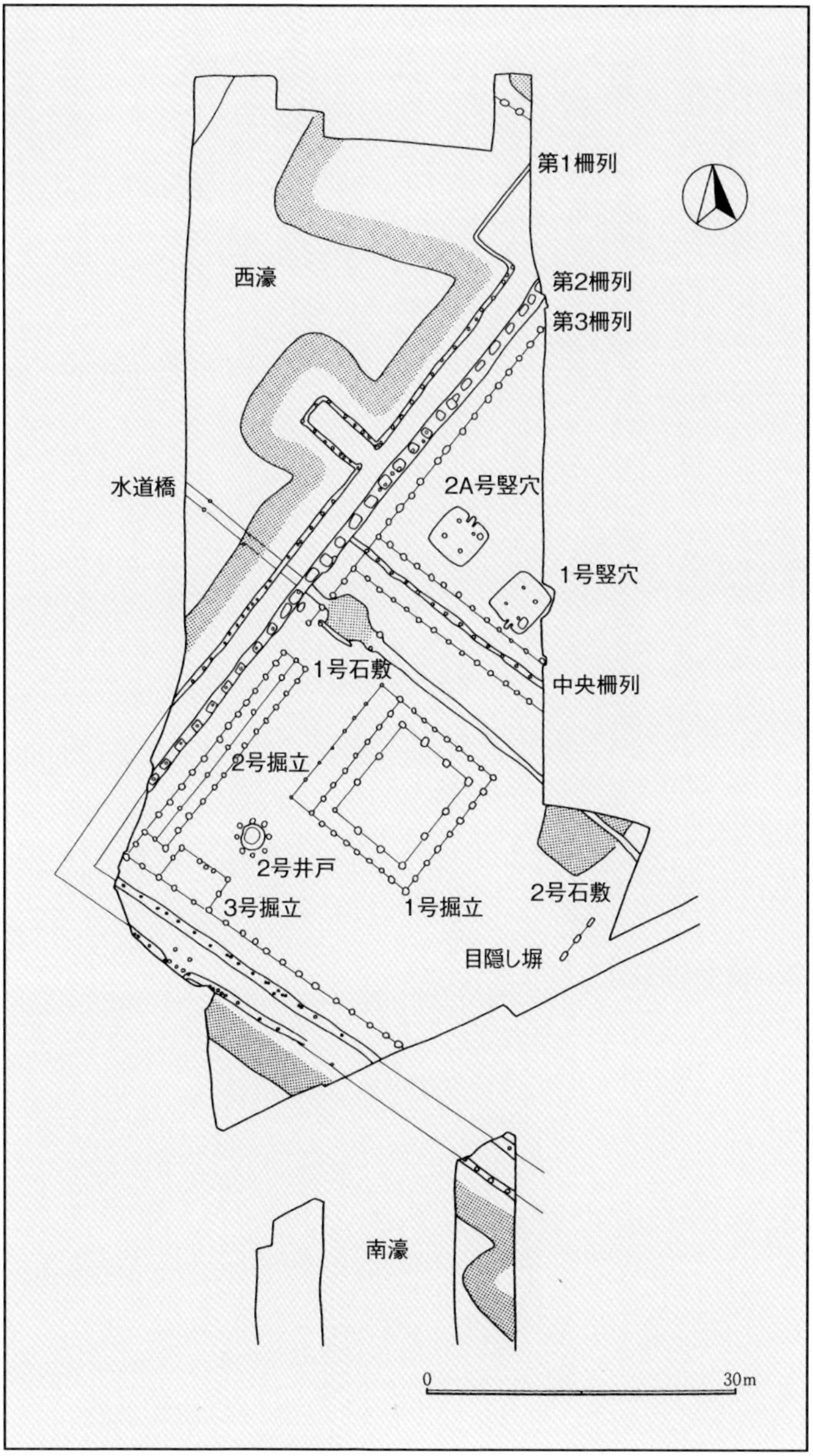

図17 ● 主要遺構（第Ⅱ期）の配置図

北区画の遺構

竪穴住居の構造　中央柵列によって郭内部は大きく北区画と南区画に分割されていたわけだが、辰巳和弘は南区画をハレの場（公的空間）、北区画をケの場（日常空間）と規定している。

まずは北区画を概観してみよう。創建当初の時期には、第2張出に大型竪穴住居（5号住居）が存在したがやがて埋め戻されてしまい、最盛期になると中央柵列のすぐ北に一辺五メートル弱の中規模竪穴住居が二軒（2A号住居・1号住居）並列していた。

通常、竪穴住居の周囲には、穴の掘削で生じた土を盛りつけた土手（周堤《しゅうてい》）がめぐる。テント形（伏屋形《ふせや》）の草屋根は地上まで葺き下ろされるが、屋根尻は周堤の土で押さえられ、土はそのまま屋根の上方まで被せられる（土屋根構造）。したがって竪穴の規模が五メートル四方であったとしても、周堤を含めた一辺一〇メートル程度の建築スペースが必要とされるわけだ。

ところが、北区画の二軒の住居は互いの距離が四メートルと近く、中央柵列にも近接するので周堤が成り立ちえない。ゆえに一般の竪穴住居とは異なる上屋構造であったと思われる。伏屋形であっても土を上げない屋根か、低い壁をともなう壁建ち建物であったと推定したい。

従者のいる施設　北区画の調査範囲は狭く、区画全体の施設の構成は不明である。しかし、そこにある二軒の竪穴住居は、規模からしても首長その人が用いる施設とは言い難い。首長の世

図18 ● 北区画の2A号竪穴住居跡
館の日常業務をおこなう従者のいた場所だと推定される。

話をする従者が控える場所、調理場などといった日常業務の場なのであろう。都出比呂志は北区画を「家政機関」のエリアであると規定しているが、この意見に賛同したい。

中核となる南区画

巨大な中心建物　中央柵列の南側は、三ツ寺I遺跡のなかでも心臓部といえる区画だ。最初に1号掘立柱建物と名づけられた巨大な建物に注目しよう。

内側に三間×三間の規模で、一メートル以上も掘り込まれた太い柱列がある。これは建物の骨格を支える主柱で、太さ二〇センチ以上の材を建てていた。さらに外側には八間×八間のやや細い柱列（下屋）があり、屋根の垂木《たるき》を支え、外壁を構成したものである。柱の配置からみると、寄棟造《よせむねづくり》の建物であろう。その規模は一三・五×一一・七メートルで、一五八平方メートル（約四八坪）の床面積がある。さらに、西側のみに浅い柱穴列がとり付き、庇が付設されていた。

この建物の内側柱列の内部は大空間となっていて、

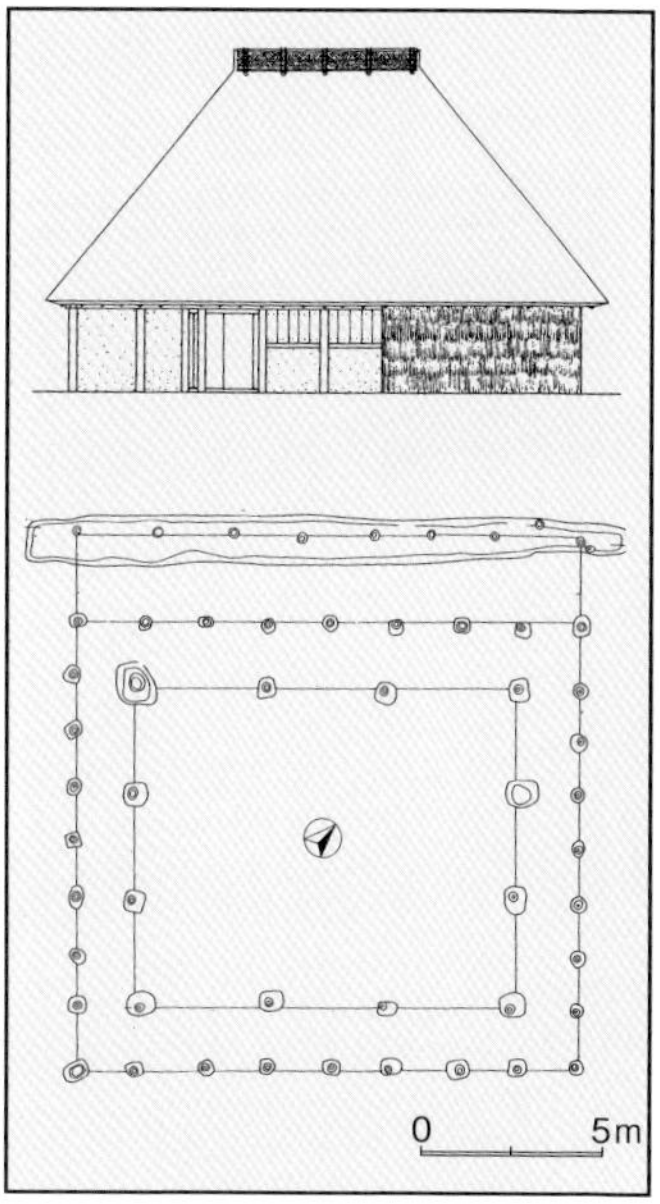

図20 ● 1号建物の規模と復元図

図19 ● 1号掘立柱建物
東日本でも最大級の掘立柱建物。首長が政務や儀礼をおこなったこの遺跡の中心的な建築物である。

床を支える束柱《つかばしら》は存在しない。したがって高床の建物ではなく、基本的には地面を床とした平地《へいち》式建物であったと考えられる。全体のつくりは家形埴輪などから推定するほかないが、建築史学者の宮本長二郎によって屋根は草葺き、壁は草葺きまたは土壁であったと推定されている。

残念なことに、この建物の性格を示す遺物は存在しないが、首長の居室または祭祀・政務をおこなう象徴的施設のどちらか、またはその兼用施設であると思われる。現在のところ古墳時代では東日本最大級の建物である。

付随する複数の建物群　1号建物の裏には二棟の建物がある。2号掘立柱建物は、二間×一七間(二一・六×二一・七メートル、約一七坪)の長屋のような建物である。内部中央の柱列は屋根の棟木を支えるための柱(棟持柱《むなもちばしら》)であり、切妻形の平地式建物が想定される。奈良時代の役所にある長屋《ながや》建物との類似から従者や兵士の詰め所とする説もあるが、南区画の最奥部にあることと、後に紹介する祭祀施設(井戸と1号石敷施設)を連絡する位置にあることから、やはり祭祀にかかわった施設ではないだろうか。

3号掘立柱建物は二間×三間の建物で、三・六メートル×五・五メートルの規模(六坪)をもつ。この建物は、先にあった4号掘立柱建物(二坪)を壊した後に造られており、その機能を踏襲している可能性がある。4号は異様に小さな建物で、宮本長二郎によれば平城京西大寺の厠《かわや》遺構(トイレ)が参考となるという。近くには井戸があり、4号・3号建物ともに水まわりに関連した遺構の可能性が考えられる。

上屋をもった立派な井戸　1〜3号建物に囲まれた一角に井戸がある。四本柱の上屋(二・四メートル四方）が架けられた立派な井戸だ。直径一・六メートル、深さ三・五メートルの円形の穴を掘った後、井戸枠が二段に差し込まれている。下段には杉の大木をくり抜いた井戸枠が、上段には一メートル四方の木枠が組まれていたようだ。また底面には、水を浄化するために砂と小石が厚く敷き込まれていた。

この井戸の周囲には排水溝がないため、日常的に使用された水場とは考えにくい。大阪府の池上曽根遺跡にみるように、弥生時代から首長にかかわる巨大建物の周囲には大型井戸が設けられているので、その系譜をひいた祭儀用の井戸とみるのが妥当である。

中心建物の前空間　これまで述べた諸施設は、南区画の西側二分の一のスペースにおさまっている。その二分の一を区切る場所には、幅八〇センチの細長い穴が三つ掘られており、形状からみて厚板を立ててあったらしい。ちょうど1号建物の正面にあたることから、神聖な建物を直視できないようにさえぎる目隠し塀であったと考えられている。その東側は調査区外となるが、おそらく広場空間となっていたのではなかろうか。

南区画の導水遺構と石敷施設

導水遺構の構造　中央柵列と1号掘立柱建物の間には、二カ所の石敷施

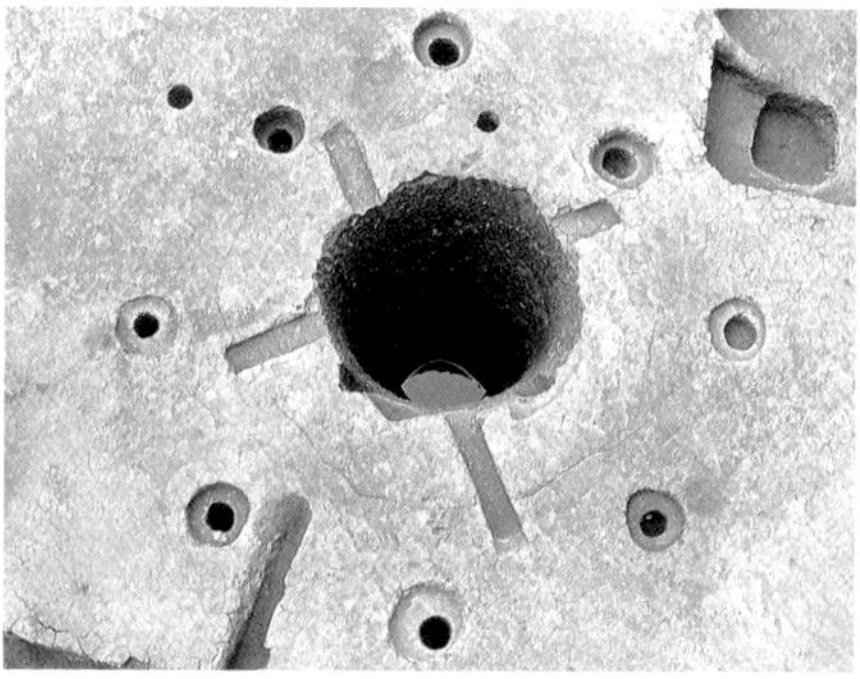

図21 ● 上屋をもった井戸
8本の柱穴は2時期にまたがるもので、同時に存在したのは4本であった。

図22 ● 井戸枠
杉の巨木をくり抜いてある。

設とそれを貫く溝が設けられている。遺跡の西方から導かれた水が貫流するようにシステム化された一連の施設である。それを延長した西濠の中には二本一対の橋脚（幅は一・二メートル）があり、かたわらの濠内からは長い木樋が検出された。すなわち水道橋である。水はこの水道橋を通じて濠を渡り、1・2号石敷へと導かれたのだ。

木槽をもつ1号石敷　1号石敷は幅四メートルほどの規模をもつ。浅く掘り込まれ、小石が六角形に敷き込まれている。なかには六〇×一二〇センチの長方形の掘り込みがあり、水をためる木槽がセットされたらしい。水道橋を渡った水はこの槽を経由し、ふたたび木樋を通じて2号石敷に流れ下る仕掛けであった。石敷内部からは、破砕された土師器《はじき》・須恵器《すえき》の高坏《たかつき》・坏《つき》・大甕《おおがめ》などの土器類、石製模造品が出土し、なんらかの儀礼行為が重ねておこなわれたようだ。石敷の外側には小さな溝や柱穴が点在するが、おそらくは簡単な上屋があったのだろう。

図23 ● 導水遺構と中央柵列
導水遺構（右）は手前に1号石敷があり、溝が貫通している。溝の奥には後に2号石敷きが発見された。左は北区画と南区画を分割する中央柵列。

大型の2号石敷　2号石敷は、1号石敷の二四メートル東側に存在する。幅一一メートルの規模を有し、やはり六角形になっている。底面には玉石を敷き詰め、何度も敷き返しをおこなっていた。遺物は、1号石敷では乏しかった土師器の甕《かめ》が多く、須恵器の高坏・甕も出土した。土器は粉砕された細片が多い。石製品では特異な祭祀遺物である子持勾玉《こもちまがたま》が出土し、この場所の重要性を裏付けている。また、周囲に柱穴はなく開放状態か簡易な上屋をともなう程度だったと思われる。

水を用いた祭祀の場　二つの石敷施設は一本の流れでつながれ、密接なかかわりを有する。ここで水を介在させたさまざまな祭祀がおこなわれたことは確実であろう。

　しかし、1号石敷は人の目の届きにくい奥部、2号石敷は広場空間に近いエリアに存在し、規模や出土品の組み合わせに差異がある。したがって、各々でおこなわれた祭祀の内容が異なっていた可能性が高い。1号でおこなわれた祭儀はどちらかといえば秘儀の要素が強く、2号でおこなわれたのはより開放度の高いセレモニー

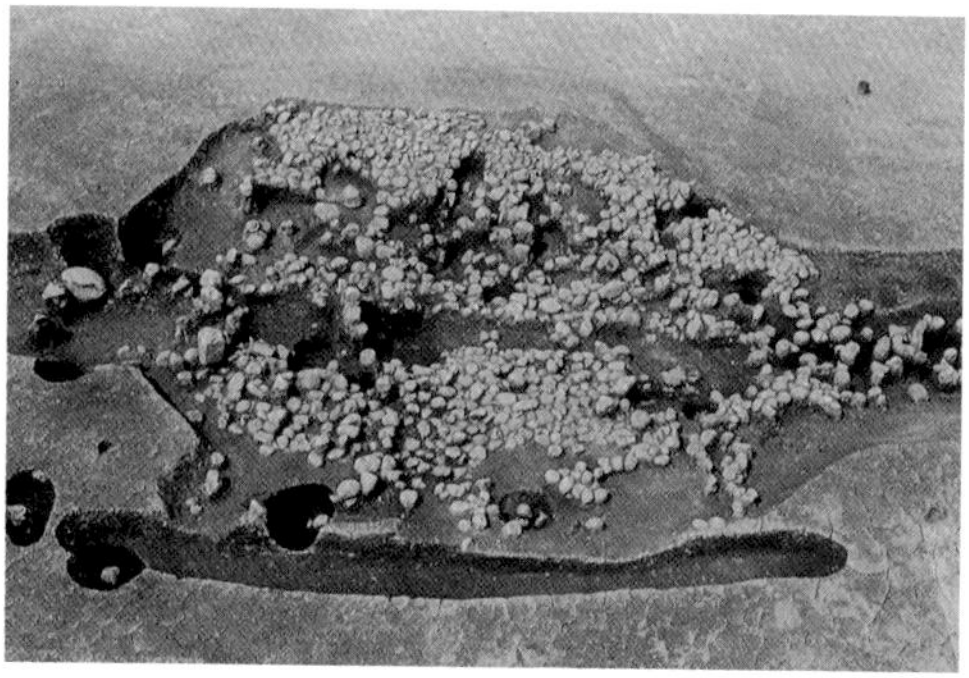

図24 ● 1号石敷き

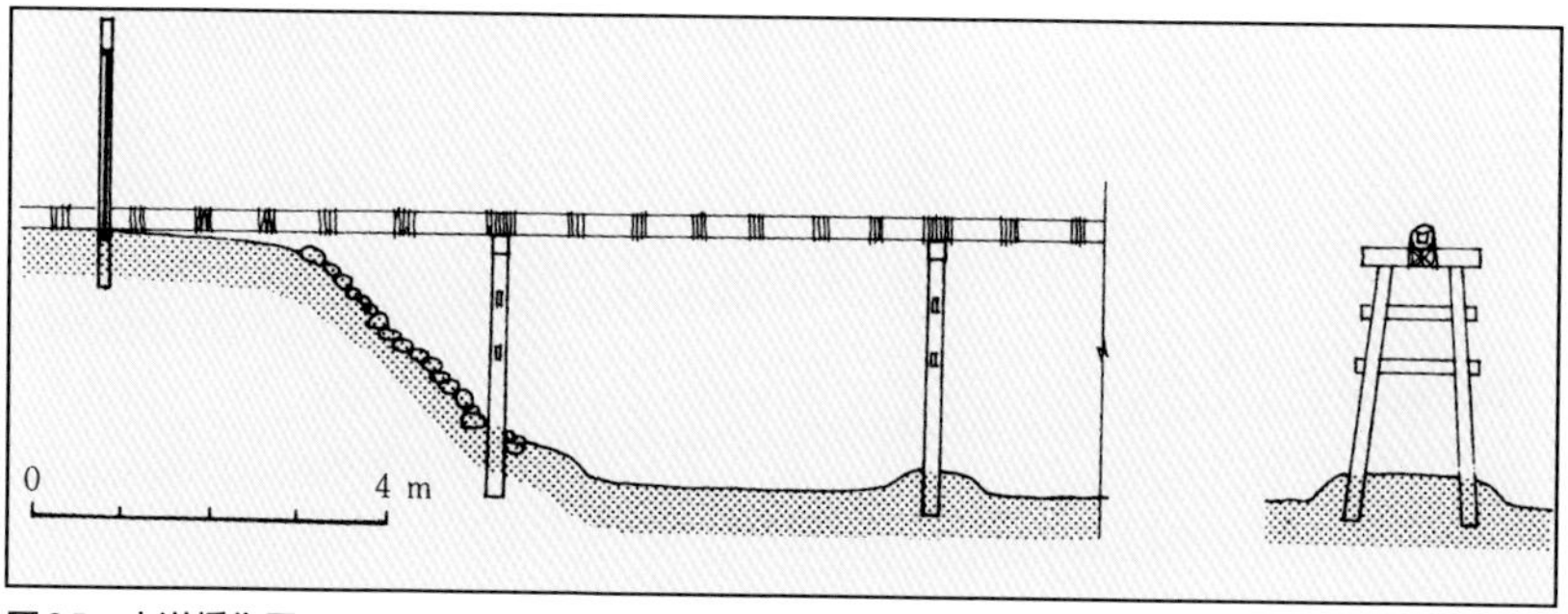

図25 ● 水道橋復元図

だったのかもしれない。また、双方ともに石敷の形状が六角形を呈することも気になる点である。従来、倭《わ》（日本）のデザインの中に六角形（亀甲《きっこう》形）のモジュールは乏しく、そのデザインと水の祭祀が採用された背景に、外来思想が隠されていないかと疑われるのである。

カワヤ・ウブヤ説をめぐって　多くの研究者がこうした導水遺構を神聖な水を祀る祭祀施設ととらえるなか、黒崎直はカワヤ（水洗便所）とウブヤ（産屋）の兼用施設ではないかとする説を唱えている。導水遺構の諸例を検討した黒崎は、木槽に足場がともなうこと、周囲の土壌に人糞由来の寄生虫卵が検出されたこと、『古事記』にみる説話―女を見初めたオホモノヌシ神が、矢に姿を変えてカワヤの水を流れ下り、排泄中の女と交わる―などを根拠とし、この説を論じる。また、この種の遺構を殯《もがり》の施設とみる説もある。殯とは、死者を直ちに埋葬せずに、儀礼をくり返しながら死を確認する行為であり、導水は死骸を洗う場だとする（穂積裕昌の説）。いずれも興味深い論ではあるが、わたしはあくまで聖水を祀る祭祀施設であるという立場に立ちたい。それは後述するように、三ツ寺Ｉ遺跡の成立要因と密接にかかわってくる問題だからである。

4　見えないものを想定する

工房と倉の存在

金属を加工する工房　三ツ寺Ｉ遺跡の内部施設は前節に紹介したとおりであるが、未掘部分の多い北区画の全体像は霧の中である。そこに館の日常を支える機能があったことは確かだが、発見された竪穴住居以外にどんな施設が推定されるのだろうか。

第一に、金属加工の工房が類推される。北区画に近い西濠からは、金属加工にかかわる羽口《はぐち》や坩堝《るつぼ》などの道具類が出土している。羽口は金属を溶かす炉にセットされた送風用の土管で、坩堝は溶けた金属を受ける土製の器だ。また、南濠では羽口および鉄滓《てっさい》（鉄を精製したときの不純物）も検出されている。したがって工房の存在確率はかなり高い。

財物を納める倉　つぎに推定されるのは倉である。最低、館の生計維持に必要な食料や器物、首長の祭具や財物を保管する施設が必須であろう。倉は、重量を支えるために柱を増強した総柱の高床建物だと推定される。

群馬県伊勢崎市にある原之城《げんのじょう》遺跡は、六世紀中頃の大型首長居館であるが、ここでは居館のもっとも奥に七棟の総柱《そうばしら》建物（倉）がみつかっている。同じように、三ツ寺Ｉ遺跡の北区画にも倉が存在した可能性は濃厚である。

ただし、首長の支配地域内から集められた収穫物を納める「穀倉」群が、居館内部に存

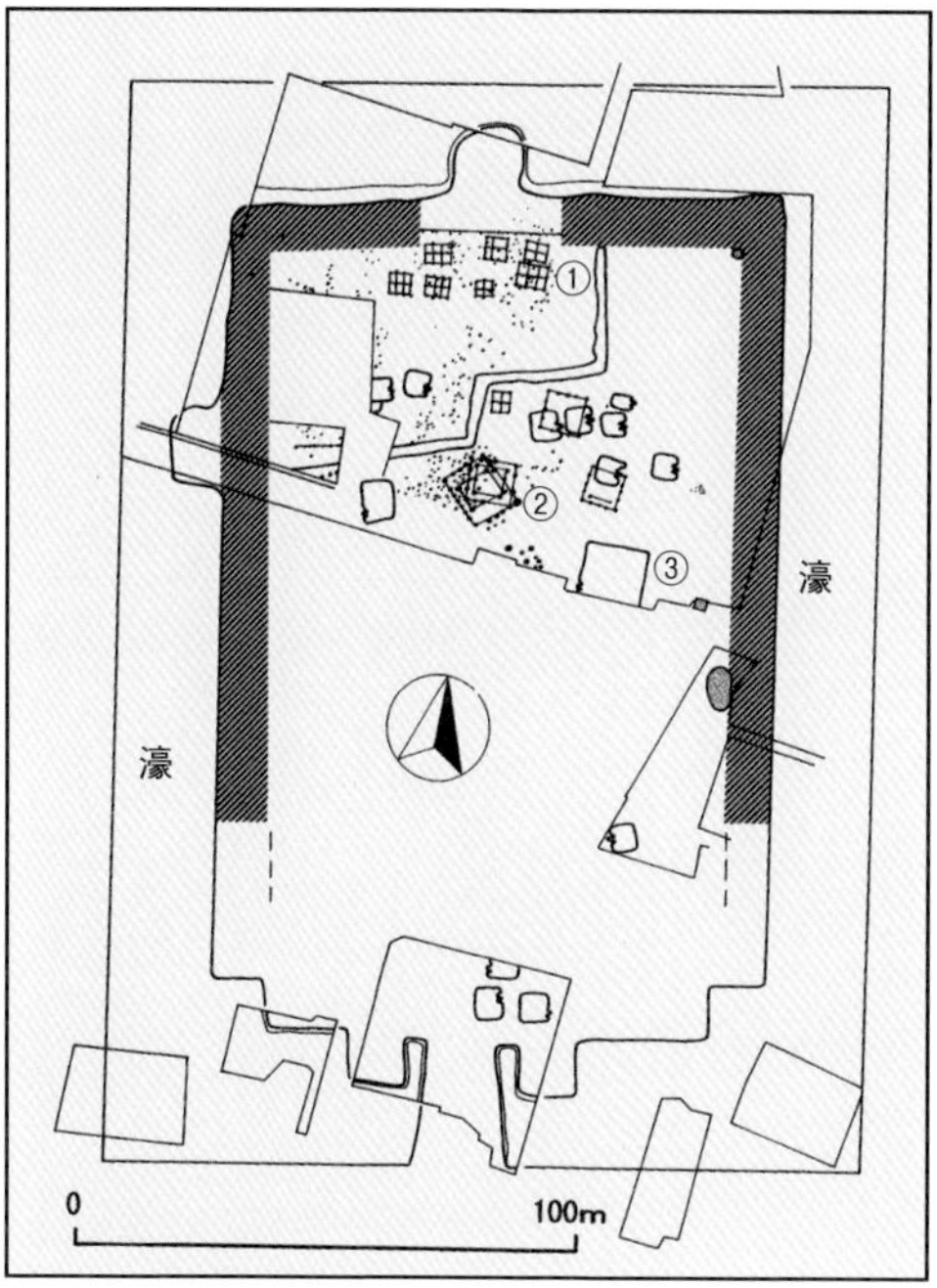

図26 ● 原之城遺跡
①倉、②中心建物（掘立柱建物）、
③大型建物、網掛け部は土塁。

在したかどうかは保留しておきたい。有力首長の管理する穀倉はかなりの棟数になることが予想され、居館内部に収まりきるか疑問である。和歌山県の鳴滝《なるたき》遺跡や大阪府の法円坂遺跡では、ヤマト王権にかかわる古墳時代中期の大型倉庫群が一定のエリア内に集中して営まれていた。しかも、当時の海上交通の拠点となる象徴的立地に置かれていたのである。最近では石川県万行遺跡（古墳前期）でも港に面した場所に大型倉庫が立ち並んでいたことが判明した。したがって、この地域の穀倉群も三ツ寺Ⅰ遺跡の中ではなく、財力を誇示するべき特定区画に集められていたと考えるほうが妥当だろう。

他には何が…　奈良時代以降の有力者の館には、従者の住まいや金属加工機能のほかに、紡織・染色所、酒造所、厨房などの雑務をおこなう施設が確認されている。三ツ寺Ⅰ遺跡にも衣食住や手工業を賄うそうした施設を想定したくなるが、あくまで想像の世界である。

首長の居ますところ

巨大竪穴住居の存在　ところで、三ツ寺Ⅰ遺跡における首長の日常生活の場が、1号掘立柱建物であったかどうかという点にも注意が必要だ。たとえば先に紹介した原之城遺跡では、居館中央に大型の掘立柱

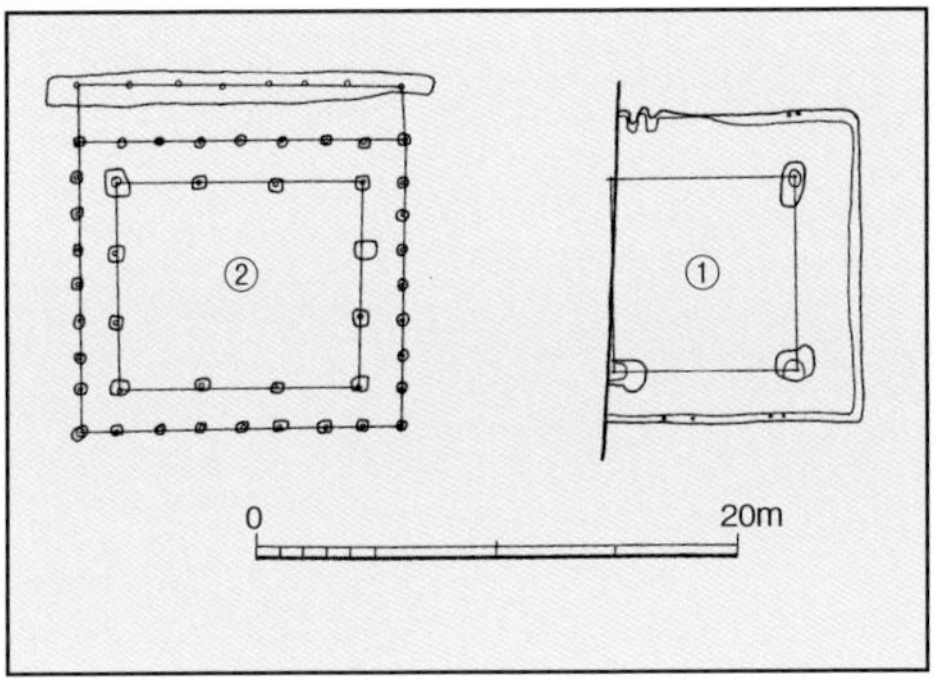

図28 ● 建物規模の比較
①原之城遺跡巨大竪穴住居、②三ツ寺Ⅰ遺跡1号建物。①②は規模が近接する。①は原之城の首長の日常の家であった可能性がある。

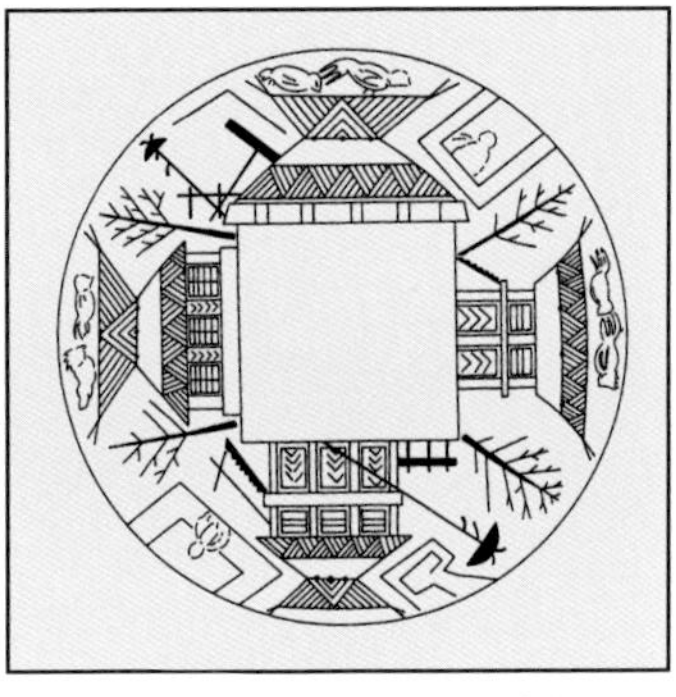

図27 ● 佐味田宝塚古墳の家屋文鏡
首長に属した建物を図案化している。上方の家が大型竪穴住居と解釈されている。

建物があるが、その近くにはひときわ大きい竪穴住居（一辺一二メートル）も存在していた。じつは、この竪穴住居が原之城遺跡でもっとも大きな建築物なのである。つまり巨大竪穴住居こそが首長の日常の居所であり、掘立柱建物は首長が祭事や政務をおこなうための公的施設であった、という案が成り立つ余地もあるのだ。

奈良県の佐味田宝塚古墳から出土した家屋文鏡には四棟の建物が図案化されているが、そのうち一棟は竪穴住居をあらわしているとされ、首長の保有する建物群のひとつとして巨大竪穴住居がシンボル化されていたこともうかがわれる。

一方、古墳から数多く発見される家形埴輪には、竪穴住居を模したと見なされるものは皆無に等しい。しかし、埴輪はあくまで死後の世界である墳墓を飾るために選別した事物を造形し、様式化したものである。埴輪だけをもって首長の居所を語るのは正しくない。

このように、首長の日常的居所が、大型の掘立柱建物であるか、大型の竪穴住居であるかすら、いまだに確定しない大きな課題なのである。

居館という用語の問題　もっというならば、三ツ寺Ｉ遺跡が「首長居館」であるという定説は、状況証拠の積み重ねによる推定であることを忘れてはならない。厳密にいえば、首長がここに常駐していたかどうかは証明されていないのである。では逆に、三ツ寺Ｉ遺跡が「居館ではない」のかといえば、こちらを証明するほうが手続きとしてははるかに難しい。したがって、さまざまな蓋然性の高さによって「首長居館」という用語を用いているのが実態なのである。

5　築造・改築・廃棄のプロセス

前節まで、三ツ寺I遺跡の最盛期の様子を中心に概観してきた。しかし実際のところ、遺跡は数回にわたる改築を経たことが明らかとなっている。ここでは、築造直前の様子から館の廃絶までを整理しておこう。

築造前の様相

整地工事の実施　三ツ寺I遺跡の郭内をおおっている厚い盛土を断ち割ってみると、直下に五世紀中葉頃の竪穴住居跡や遺物集積地が確認できた。

しかし竪穴住居の周りにめぐっていたはずの周堤が見当たらない。このことは、居館築造の第一段階として周堤を削り、住居の窪みを埋め戻す整地工事がおこなわれたことを示している。直前まで営まれていたムラは、工事開始にあたって退去させられたのだろう。そこで問題となるのが、盛土直下の遺物集積である。

遺物集積の意味　盛土の下の直径一〇メートルの範囲に、多量の土器が破砕され散らばった状態で検出されている。地表でおこなわれた行為の跡であり、須恵器大甕、土師器の高坏や坏などの供膳具とともに、糸紡ぎの道具である石製紡錘車《ぼうすいしゃ》、鉄鏃《てつぞく》、鉄製鋤先など貴重品ともいえる遺物が出土した。遺物の組み合わせは日常生活を示すものではなく、祭祀行為にともなうものと考えられる。これらは整地工事によって削り取られていないわけだから、居館の築造に無関係なものとは思われない。工事に先立つ地鎮めのような儀式を想定したいところだ。

河道付近での祭祀　堰1の西側にあたる猿府川の河底からも多量の土器が検出されている。時期は長期間におよんでいるが、なかには館の成立前に相当する型式も混じっている。高坏や坏が卓越する組み合わせはやはり祭祀行為にともなうものであろうが、盛土下の土器集積とは異なる場所（河川流路）で執行されているため、水にかかわる祭祀を想定するべきであろう。

つまり館の成立直前から、堰1周辺では水にまつわる祭祀がおこなわれていたのである。このことは三ツ寺I遺跡の建造地がここに選ばれた理由と深くかかわっていると考えるが、その理由は後ほど詳述する。

改築のプロセスと時期幅

竣工後の居館は三回にわたる改築を経たことが指摘されている。調査時に柱穴の重複や埋め立てに配慮した記録がおこなわれ、その推移が明らかになった。

I－1期　濠や石積み、1号掘立柱建物（中心建物）や井戸、導水施設などの主たる構造物はこの段階で成立した。第1張出には5号竪穴住居が機能する。また二重の柵列が成立した。

I－2期　内側柵列の位置が、後の第2柵列の位置に移動する。内部を区

図29 ● 盛土下の儀礼に用いられた土器・鉄器

切る中央柵列が成立する。北区画に2A号竪穴住居が構築される。

Ⅱ期　大幅な改築が加えられ、外周柵が三重になる。とくに布掘りをもつ第2柵列が充実する。中央柵列も二重から三重に変更される。5号竪穴住居は埋め立てられ、北区画には1号竪穴住居が成立する。南区画の1号掘立柱建物に庇《ひさし》が付け足され、4号掘立柱建物は3号掘立柱建物に改造される。長屋状の2号掘立柱建物が新築される。井戸の上屋の主軸が四五度振られて改装される。

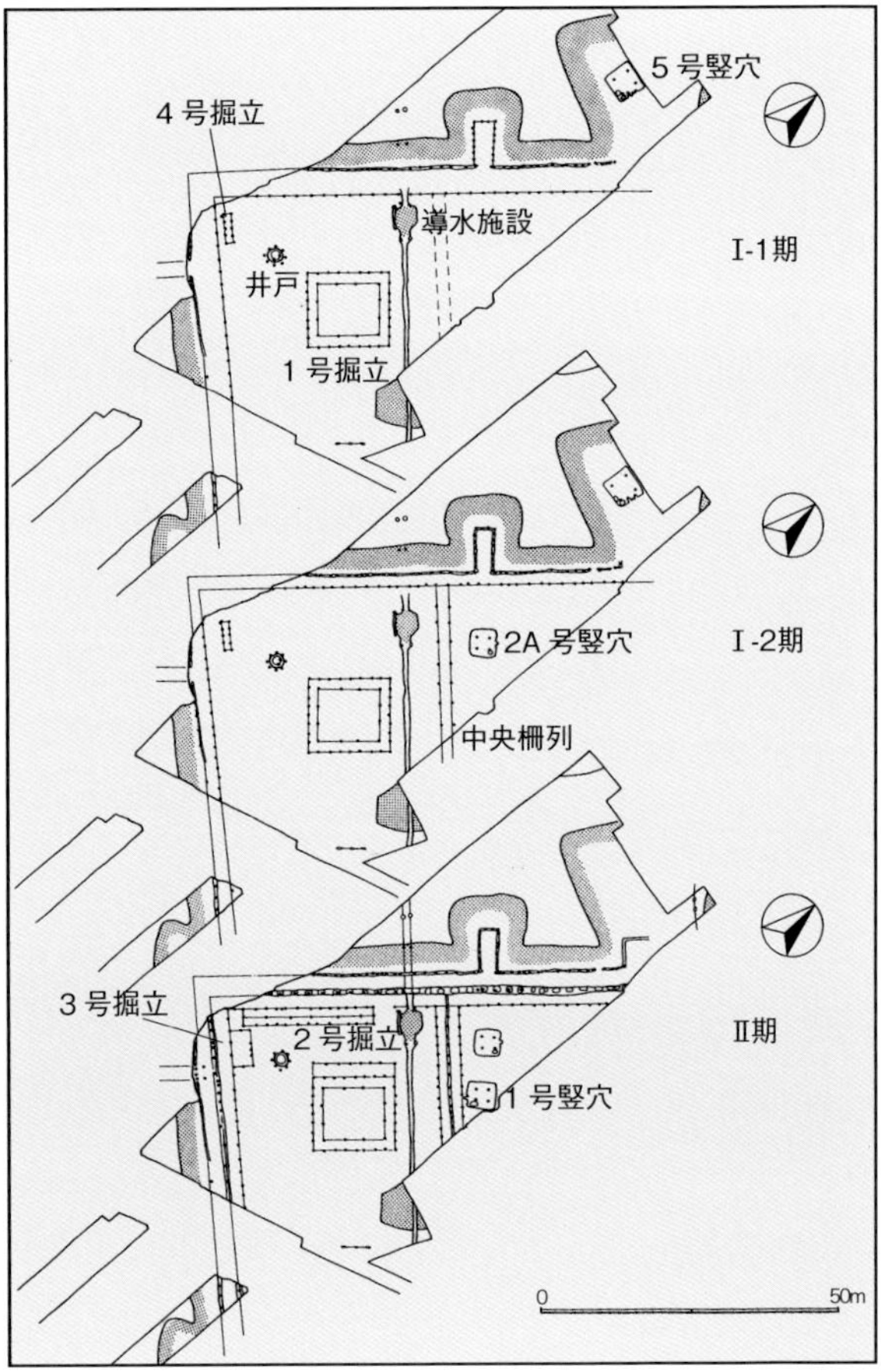

図30 ● 改築の推移

三ツ寺Ⅰ遺跡の存続期間　このように、居館は改造をくり返しつつ、徐々に施設の充実が図られた。調査者の下城正は、出土した土器の年代幅から、五世紀第3四半期から六世紀初頭にかけての三〇～四〇年間ほどの存続期間を推定している。これは近くにある保渡田古墳群の三基の前方後円墳の存続年代とほぼ合致し、数世代の首長が三ツ寺Ｉ遺跡の経営にかかわったと解釈されることになる。

一方、三ツ寺Ｉ遺跡を含めた首長居館は、原則一世代限りの施設だと考える研究者も存在する。古代の大王《おおきみ》の宮が一代ごと（あるいは一代のうちに数回）に移動すること、墳墓である前方後円墳も一代ごとに築造されること、発掘されている小規模居館の多くがきわめて短期間で終焉することなどがその論拠である。

しかし三ツ寺Ｉ遺跡に限っていえば、改修の軌跡からみて首長一代限りとするには無理があるように思う。ここに三ツ寺Ｉ遺跡を考えるための重要なポイントがある。後に述べるように、単なる一代限りの首長の居所にとどまらない象徴性や特殊性が、この遺跡の造営に託されていたと思われるのである。

居館の廃絶とその後

榛名山の大噴火と管理の途絶　五世紀末から六世紀のはじめ頃、北西にそびえる榛名山が大噴火を起こし、遺跡は発生した火砕流に襲われた。わたしは、これを契機として居館が廃絶したととらえる。

それ以後の時期には、聖域であるべき南区画に竪穴住居が進出し、掘立柱建物や井戸、石敷施設、水道橋といった主要建築物が廃止されるからである。さらに六世紀前半には、噴火堆積物が土石流となって来襲し、堰を破壊し濠を完全に埋めている。

濠の堆積土をみると、底から四〇センチほどの厚さで黒土（居館成立後に溜まったヘドロ）が堆積し、遺物のほとんどはそこに包含されている。続いて厚さ二〇センチの火砕流が降下してからは急速に土砂堆積が進み、土石流が襲う頃には濠底から一・二メートルの高さまで埋没してしまった。したがって、火砕流発生に前後して濠の管理は途絶しているといってよかろう。

また、斜面の石積みは三回にわたって崩落をくり返しているが、もっとも顕著な崩落（最初の崩落）は火砕流の発生直前に起こっている。火山性の地震などがこの大崩落の原因である可能性が高いだろう。

噴火時には建物はあった　続いて火砕流の堆積状況にも注目してみよう。まず開放状態にある濠や井戸の中には、噴火に直接ともなう火砕流一次堆積層が積もっている。しかし閉鎖性の高い建物（掘立柱建物・竪穴住居）の内部や周辺には二次堆積層（流れ込み）が見られるのみだという。つまり建物の壁や屋根が存在していたため、その内部に一次堆積層が積もらなかったのである。したがって、居館の主要建物群は噴火の段階まで一応は機能していたと考えられる。

居館廃絶の理由　このように榛名山の噴火活動は、石積みの崩落などの物理的な打撃を三ツ寺I遺跡にもたらした。しかし、居館の再興が不可能なほどまでに破壊されつくされたかといえば、そうともいいきれない。それにもかかわらず、噴火を契機として居館が放棄されたのはなぜだろうか。

噴火の前に続いたであろう地震・鳴動・異常気象などの予兆現象、ついに発生した大噴火。おそらくそうした変事の連鎖は、地域集団に過度の社会不安をもたらし、神マツリを主宰した首長の社会的信用度を著しく低下させたのではないだろうか。物理的要因以上に、こうした社会的・心理的要因が、三ツ寺Ⅰ遺跡の存続意義を失わせたのだと推理したい。

廃絶後の人びとの活動　火山災害の後、この遺跡に首長層の活動痕跡を見出すことは難しい。主要建築物は破却され、濠は急速に埋没する。一方、館の敷地内には新しく竪穴住居がつぎつぎに造られた。館の機能がなくなったとき聖域の意識は失われ、そこは一般の集落に戻ったのだ。このことは、首長らが退去しても一帯は無人の荒野になることなく、すみやかに被災地域の再開発に手がつけられたことを示している。

そのほか、館域における人の行為の継続に着目すると、ひとつに井戸の再掘削があげられる。もはや三ツ寺Ⅰ遺跡の象徴性が潰えた後にまで、井戸を再興させようという意図はなんだろうか。それは水に対する執念以外の何ものでもない。

同じことがもうひとつ指摘できる。堰１の北側の湧水（湧水１）近辺における井泉祭祀の継続である。ここには多数の井戸が築かれ、古墳時代後期から平安時代までの長きにわたって遺物が奉献されつづける。平安時代には斎串《いぐし》（呪いに用いる木札）や木簡、「葭田《よしだ》」「奉」「浄」などの文字を書き付けた土器の投入もみられるのである。したがって、居館が廃止された後も、地域集団による水源の祭祀がえんえんと継続されたことが読みとれるのである。

第3章　遺物が語るもの

1　遺物の出土状態

幸運だった木製品の残存

三ツ寺Ⅰ遺跡からは、じつにさまざまな遺物が出土している。特筆されるのは、濠内の環境が湿潤だったため木製品や自然遺物が残されていたことである。これらが残存しなければ、出土品は土器と石製品だけにすぎず、居館の性格を多面的に考えることは困難であっただろう。

意外に少ない郭内の遺物

一方、郭内からの出土品はさほど多くない。周囲より高かった郭内は後世に上面が削られ、地表や掘立柱建物の中にあったはずの遺物は失われたのだ。しかし、もとより館が稼働しているときには、神聖な郭内はつねに清浄に保たれていただろうし、宝器や金属器などは首長が居館から退去するときに持ち去られた。したがって、そこに遺物が乏しいのは当然の結果ともいえる。

図31 ● 濠から出土した木製品

祭祀行為の連続を示す石製品　それでも、削平をまぬがれた郭内の遺構（竪穴住居、石敷施設、柱穴）からは少量の遺物が出土している。竪穴住居の遺物は、生活色の強い土器のセットであり、通常の調理行為がおこなわれたことが明らかである。

二つの石敷施設では遺物内容に微差があったことはすでに述べたが、出土した土器は細片になっており、儀礼時に用いた器を粉砕するような行動がともなったようだ。

石で器物をかたどった石製模造品は、石敷施設をはじめ各所から出土した。これらは、外周の石積みの中や、盛土の中、柵の埋め土の中からも見つかっている。大がかりな祭祀だけではなく、土木工事などの要所要所で石製品のバラマキ行為がおこなわれたようであり、人びとの行動様式が、ささやかな祭祀行為の連鎖によって成り立っていたことを示している。

濠から見つかった遺物　濠の中からは比較的数多くの遺物が出土している。水をたたえた濠の中にはしだいに泥が堆積し、投入された木製品や土器などが封じ込められたためである。その多くは、堰1の周辺や張出の付け根部分にまとまっており、単なるゴミの投棄ではなさそうだ。祭祀をおこなった後に、郭内や張出から濠に器物を投入する行動が復元できそうである。

2　首長が独占した先進技術――冶金遺物

古墳時代と鉄　古墳時代中期、倭（日本）は朝鮮半島南部の伽耶《かや》地域や百済《くだら》と密接な交流をはかっていた。同時に中国の宋（当時中国大陸に並立していた二王朝のうちの南朝）に使節を送り、朝鮮半島内の利権を正当化するための外交交渉を盛んにおこなった。こうした外交活動の主たる目的は、半島の豊富な鉄資源を有利に取得することにあったとされている。

古墳の副葬品も、古墳時代前期には鏡や玉器などの宗教的遺物が珍重されていたが、中期には鉄製の甲冑《かっちゅう》や刀剣・馬具、金銅製の装身具などにとってかわられ、金属製品が威信財としてもっとも重要な位置を占めるようになる。したがって、ヤマト王権だけでなく地方首長にとっても、冶金技術をわがものとすることは当時の大きな関心事の一つであったといえよう。

羽口と坩堝と滓　それを示すかのように、三ツ寺Ⅰ遺跡でも冶金関係の遺物が出土している。遺物の種類や出土状態は先に述べたところだが、このうち羽口と坩堝の付着物を化学的に分析したところ、銅の成分が検出された。そのほか鉄の精錬の際に形成される滓も出土している。以上のことから、居館の中では金属を溶解させ加工する作業がおこなわれた可能性が濃厚だ。

金属加工―とくに鉄―は当時の先進技術であり、東日本では五世紀代にようやく確認されはじめるものである。本遺跡の事例から、こうした技術および技術者が首長の近くに保有され、手工業生産の萌芽がみられることはひじょうに重要である。

何がつくられていたか　三ツ寺Ⅰ遺跡ではどのような製品がつくられていたのだろうか。銅製品

図32 ● 金属の加工を示す遺物
筒型の物は鍛冶炉へ風をおくる送風管（羽口）、平たいものは溶けた金属を受ける容器（坩堝）である。館内で先進的な金属加工がおこなわれた証拠。

では、地域色の強い鈴鏡や馬具などがその候補となるが、鋳型の出土がないため判然としない。鉄製品に至ってはまったくわからない。ヤマト王権から供給された製品以外に、各地でいかなる製品がつくられ、どのように流通していたかは、地方首長の技術力や文化的な求心力を知るうえできわめて重要な課題であるが、いまだ解決されていない。

また、金属製品は、ガラス部品・木工部品・皮革製品・繊維製品など他の素材と組み合わせられて完成するものも多い（たとえば馬具は皮革製品と組み合わさる）。もし三ツ寺I遺跡で金属製品が生産されていたとすれば、それと関連する多種多様な工人群も周辺に存在していた可能性がある。そうしたことを想定し、近隣遺跡の調査に注意をはらわねばならない。

3　祭儀のための道具たち

明らかな木製祭具

琴とササラ　三ツ寺I遺跡の濠からはさまざまな木製品が出土したが、とくに目を引くのは木製の祭具である。まずは楽器をあげよう。

小断片だが琴の一部がある。『古事記』や『日本書紀』の記述では、司祭が琴を弾くなかで巫女が神懸《かみが》かり状態となる記述があるので、神占《かみうら》の道具として用いられたのであろう。持ち手のついた棒の片側にギザギザを刻んだものはササラと呼ばれる楽器の可能性がある。凹凸の部分に棒など走らせて音を出すものだ。これも祭事用の鳴り物と考えられる。

刀を模した木製品　薄い板を加工した刀形の木製品も多く出土している。実用品ではなく明らかに儀器である。本物の刀のかわりにこうした形代を奉献したり、模擬的な所作をともなった辟邪《へきじゃ》や鎮撫《ちんぶ》の儀礼に用いられたことが推定される。

坂本和俊は『古事記』の神話と関連づけ、これらの遺物と三ツ寺Ｉ遺跡の儀礼を解釈する。すなわち天界で悪事を働いたスサノオがアマテラス神に改心を誓約するとき、天《あま》の安《やす》の河原で互いの剣を折り、玉を砕いたという行為と、三ツ寺Ｉ遺跡の遺構・遺物を対比し、館内で「服属儀礼」が執行されたと推論するのである。当否はともかく、三ツ寺Ｉ遺跡の中での行動様式を積極的に解釈した興味深い論として紹介しておこう。

図33 ● 出土した祭儀用木製品
三ツ寺Ｉ遺跡からは多様な木製祭具が出土したが、これは刀を模したものである。

さまざまな木製品―祭具か実用品か

武器と武具　木製の弓が複数出土しており、なかには桜の樹皮を巻いて仕上げた装飾性の高い飾り弓もある。ほかに武具としては木盾の破片があり、穴をたくさんあけフジツルで縛ってあった。割れを防ぐとともに装飾効果もあわせもたせたものであろう。

農工具や紡織具　農工具では、一木鋤《いちぼくすき》（スコップ）・ナスビ形鋤（柄が脱着式の鋤）といった掘削具や、穀物を搗《つ》くための農具である竪杵《たてぎね》がある。短いバットのような形の横槌《よこづち》は、民俗例では脱穀、藁《わら》打ち、布を叩いて艶を出すなどの用途に用いられるとともに、邪気を払う呪具とし

図34 ● 出土した木製品類
①弓　②刀形　③一木鋤　④ナスビ形着柄鋤　⑤横槌　⑥鳥形木製品　⑦楔　⑧ササラ
⑨琴　⑩布巻具　⑪盾　⑫扉板　⑬杭　⑭木樋

ても機能したという。ほかには、機織り機の部品である経巻具《たてまきぐ》・布巻具《ぬのまきぐ》や、双耳杯《そうじはい》という木製容器の検出もあった。

祭具か実用器か　これらの木製品は、首長の日常生活や館の維持活動のなかで、実際の狩猟や戦、農作業、土木作業、手工業に用いられたものかもしれない。しかし、一方で祭具であった可能性も大いに考えられる。じつは、各地で発見されはじめた水の祭祀場―導水・井泉祭祀遺構―においても、これらと同じ組み合わせの木製農工具や武器形木製品が多く出土しているからである。こうした道具を用い、戦・狩猟・農工などにまつわる模擬的な所作をともなった諸儀礼が執行されていたのではないだろうか。

形質遺物・自然遺物は語る

鹿と猪の骨　濠内からは獣骨類や種子なども検出された。獣骨には鹿、猪、馬、牛があるが、牛馬は居館よりも時期が下るので除外する。鹿・猪の骨は第２・第３張出の間に集中して出土したが、土師器高坏や須恵器、石製模造品、木器と共存しており、単なるゴミとして処分されたのではなさそうだ。宮崎重雄によれば、これらは切り裂かれ、へし折られているほか、うち割る前にわざわざ刃物傷をつけたものもあるという。

鹿と猪は、この時代の形象埴輪に造形された代表的な動物でもある。猪形埴輪や鹿形埴輪は、犬形埴輪および狩人埴輪とセットとなり、狩猟場面の表現として古墳に配列されていた。首長の権威にかかわる儀礼や行事において、猪猟・鹿猟をおこなうことが重要な意味を有していたのであり、その二獣の骨が居館からも出土した意義は大きいと思われる。

占いの重要性　『日本書紀』雄略紀には、大王が荒ぶる猪をうち倒す記事がある。猛獣を倒すことは、強者の証として格別の意味を有していたようだ。と同時に、文献には猟や漁の結果により吉凶を占う様子も記されている。また、獣骨そのものを用いた占いもある。群馬県富岡市にある上野国一宮の貫前《ぬきさき》神社では、鹿の甲骨に焼錐を刺して吉凶を占う「鹿占《しかうら》」神事が今でもおこなわれているが、こうした卜占《ぼくせん》は、弥生時代からの呪《まじな》いの系譜を引いているのである。首長や集団の社会生活において神事・農事・軍事などに「占い・呪い」が大きな位置を占めたことが推察され、これら骨類もそうした行為にともなう可能性を考えておきたい。

このほか、自然遺物としては種子類があり、モモ、オニグルミ、ヒョウタンの順に出土量が多い。文献では、モモは邪を払う果実として意味をもち、ヒョウタンは河の神を鎮める道具として描かれる。地味ながら居館での祭儀を考えるうえで忘れることのできない遺物である。

図35 ● 出土した獣骨類
上列右：猪、上列左３点：鹿、
下列：馬歯。馬は時期が下がる。

図36 ● モモの種とクルミ

石製の形代たち

石製品の流行　古墳時代の前期から中期にかけて、石を加工して器物の形とした石製品が流行した。前期には、碧玉《へきぎょく》など硬質の石を美しく加工した石製品（威儀具・装身具）が、続いて中期には滑石で器物を写した石製模造品が古墳に埋葬され、祭祀に供せられた。中期後半になると美品の製作は衰えて粗製の石製模造品が主流となり、集落内の祭祀などでも盛んに用いられたが、後期になるとその流行りも終焉を迎えた。

石製模造品あれこれ　こうした石製模造品は三ツ寺Ⅰ遺跡でも多量に出土した。なかでも注目されるのは紡錘車、子持勾玉《こもちまがたま》、鏡形、斧形である。紡錘車は本来、糸つむぎに用いる実用品であるが、繊維業を象徴する道具として祭祀にも用いられた。子持勾玉は巨大な勾玉に小さな勾玉が付着した形態の特異な祭祀具である。これは破片も含めて三点出土し、この遺跡の祭祀上の重要性を示唆している。鏡形は第2・3張出の付け根から、斧形は第2柵列の掘り込みから出土している。

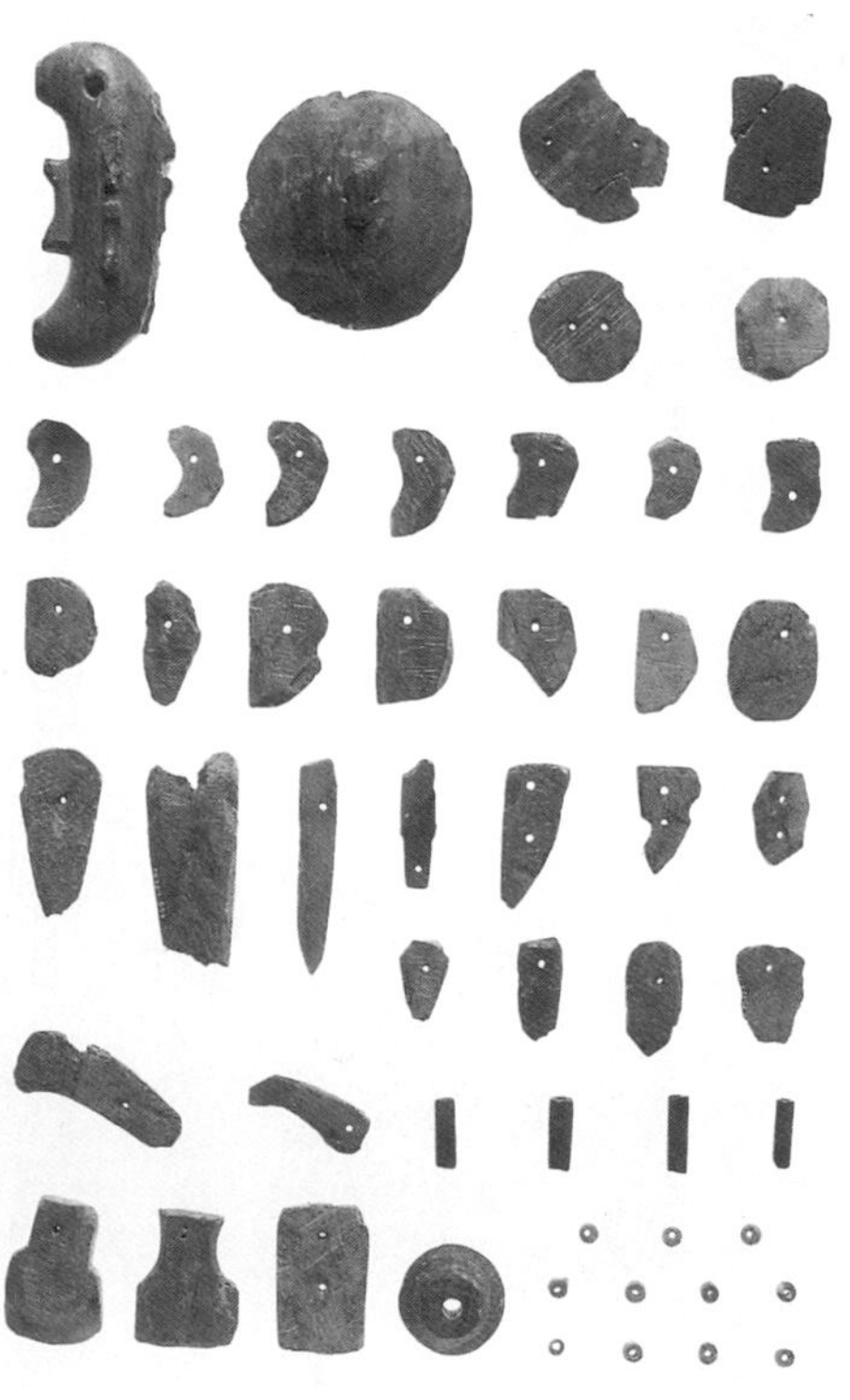

図37 ● 石製模造品の数々
上段左から、子持勾玉、鏡形、有孔円盤。2段目：勾玉形。4段目：剣形。6段目左：鎌形、右：管玉。7段目左：斧形、ひとつおいて紡錘車、右：臼玉。

そのほかの模造品はすこぶる粗製で、円盤に穴をあけた有孔円盤、勾玉形、剣形、鎌形や小さな玉（臼玉）などが認められる。それらが館における諸行為の折々にささげられたことはすでに述べた。

4　土器たちの語るもの

高級品としての須恵器

新来の技法で焼かれた器　須恵器は、ロクロ回転技法を用い、穴窯による高温焼成で灰色に発色させた器である。五世紀はじめ頃、朝鮮半島から伝わったこの技法はすぐさま倭に定着し、国産品である須恵器が誕生する。須恵器は、五世紀の東日本では貴重品であったが、三ツ寺Ｉ遺跡では比較的数多く出土し、物流の拠点であることを印象づける。出土した器種には坏・蓋坏・高坏・𤭯《はそう》（注ぎ具）・大甕がみられた。

産地はどこか　須恵器の土を分析して産地を推定する手法がある。三ツ寺Ｉ遺跡の須恵器は蛍光Ｘ線分析法による同定がおこなわれた。三辻利一によれば結果は三分され、大阪府陶邑窯《すえむらよう》、愛知県猿投窯《さなげよう》、そのほかの窯の三つの要素がみられたという。陶邑窯は当時の倭を代表する須恵器生産の最大拠点、猿投窯も中部日本の生産拠点で、両者とも各地に優品を供給しつづけた窯であった。

問題は、ほかの二群にくらべ、技法・焼成とも劣る第三のグループである。関東で知られている生産地の中では埼玉県中部の南比企窯のデータに類似するというが、その地ではいまだ五世紀にさかのぼる窯は未発見である。

須恵器生産はいつから　新来の窯業は付加価値の高い産業であるから、その導入に地方首長が無関心であったとは思われない。第三グループの存在は、当地域の須恵器窯（在地窯）がいつ成立したかという問題に深くかかわるのだが、窯跡が発見されないかぎり産地の特定は難しい。

しかし興味深い資料もある。三ツ寺Ⅰ遺跡の濠からは在来技法で焼成した土師器（赤焼きの土器）が多量に出土しているが、その中にロクロ整形手法を用いた高坏が存在するのだ。ロクロ技法を用いた赤焼き土器は、朝鮮半島の軟質土器の技法とみられ、この地で渡来人が製作した可能性が考えられる—田口一郎氏の教示による—。後述するように、当地には渡来人の足跡が色濃く残されている。彼らが須恵器生産を含め、この地の土器づくりにどのような影響を与えたかが今後の重要な研究課題となる。

宴と饗応—大量の土師器

赤焼きの土器たち　赤く焼き上げられた伝統的な土器群を土師器と呼ぶ。須恵器が高級品なら、土師器は主に日常品というべき器であり、食膳具（坏・高坏）、煮炊具《にたき》（甕・甑《こしき》）として製作・消費された。三ツ寺Ⅰ遺跡の竪穴住居からは一般的な生活様相を示す土師器の組み合わせ

図38 ● 須恵器䠊（液体を注ぐ器）

図39 ● ロクロ回転を用いた土師器高坏

（甕・坏）が出土し、一方、濠からは食膳具を中心とした土師器が多く出土した。

三ツ寺ブランド　なかでも手持ち食器である坏の量が圧倒的に多い。ボールを半分に割ったような半球形のものや、それに短く外傾斜する縁をつけたものが主流である。このタイプは、三ツ寺Ｉ遺跡を要《かなめ》とした五世紀後半の榛名山東南麓を中心に分布し、生活・祭祀・葬送儀礼において大量に消費された。

これらは、土を選び、薄くつくられ、規格性に富み、なかを磨き、深い赤色に焼き上げられている。おそらくは半専業化した工人が手がけているように思われ、いわば「三ツ寺ブランド」とでも呼んでいいものであろう。

居館でくり返された饗宴　田中広明・福田聖の統計によると、三ツ寺Ｉ遺跡の土器のセットは、一般の集落にくらべて煮沸具が著しく少なく、坏や高坏などの食器がはなはだしく多いという。このことは、居館において食器を大量に消費する行為である共食（俗な言い方をすれば宴）がたびたび実施されたことを示している。そうした振る舞いや催事・祭事は、集団の統合を図るために不可欠な仕掛けであり、居館の重要な機能のひとつであったことを教えてくれる。

図40 ● 館での祭儀や宴をしのぶ器
西の濠から出土した高坏群。三ツ寺Ｉ遺跡ではこうした食膳具が突出して多く、神への供献や、集団による共食が盛んにおこなわれたことを示す。

第4章　聖水祭祀

1　三ツ寺I遺跡の特性

三ツ寺I遺跡は典型的な居館なのか

居館研究の現状　三ツ寺I遺跡が発見されてから後、日本各地で「首長居館」とされる遺構がつぎつぎに検出されたことはすでに述べた。その多くは方形の溝や柵で区画された中に、なんらかの建物を有したものであった。こうした事例の蓄積を背景にして、首長居館にかかわる研究成果も数多く公にされている。

研究の主流は、居館の規模や装備を集成・分析し、そのうえで階層的な分類をおこない、対応する古墳の規模と比較しながら首長の権力構造を考察するものである。それは阿部義平・小笠原好彦・都出比呂志・橋本博文・坂靖・広瀬和雄などにより論じられ、寺沢薫によって総括されている。また文献史学側からの論究も多い。これらの研究において、三ツ寺I遺跡はつねに階層の最上位に位置づけられ、首長居館の典型として扱われる傾向にある。

増えない典型　しかしながら、発見から二〇年を経ても三ツ寺Ⅰ遺跡ほど周到に設計された居館の類例は見出されていない。だとすれば、典型とみられたこの遺跡の全体景観は逆に一般性に乏しく、首長居館にあるべき要素の一部を強調させた、特異な施設だったのではないかとも推測されるのである。

二〇〇〇年、同じ群馬県高崎市において、北谷《きたやつ》遺跡という、三ツ寺Ⅰ遺跡と瓜二つの遺跡がついに発見された。しかし類例は増えたものの、それらは三キロという至近の距離にあり、榛名山東南麓のエリアに収まっている。他地域や他県の発見例がないという点では、やはり三ツ寺型の居館を普遍的・典型的といいきることはできない。

方形区画だけが居館ではない　それと同時に、方形に溝で区画された施設だけが居館なのかという疑問もある。方形区画の事例は全国普遍的にみられるわけではないので、区画をともなわず、あるエリアに首長の政治・祭祀施設がまとまって配置されるような場合も想定しておいたほうがよい。首長居館とは、地域・階層によって多様な形態を有していたのではないだろうか。

中溝・深町遺跡の例　そうした例をひとつだけあげておこう。群馬県太田市の中溝《なかみぞ》・深町《ふかまち》遺跡は四世紀代の遺跡である。湧水群に近い低湿地のなかに三つの微高地があり、それぞれに①首長関連施設域、②一般集落域、③方形周溝墓《しゅうこうぼ》群域が営まれている。①と②③エリアの間には谷を利用した人工灌漑水路が掘られている。

①は二五〇×一〇〇メートルの広がりをもち、北から、溝で囲まれた竪穴住居、池状の方形

遺構、四面庇《しめんびさし》の掘立柱建物とそれに付随した二基の石敷《いしじき》井戸、柵列、溝による長方形区画と二棟の大型掘立柱建物などが配置されていた。

この遺跡の特殊遺物としては、小銅鐸、小型鏡、破砕された内行花文《ないこうかもん》鏡《きょう》、棒の上に壺をかたどった木製儀《ぎ》杖《じょう》、木製案《あん》（机）などがあり、有力首長の所持品にふさわしい。遺跡の南方一キロには、五世紀初頭に築造された別所茶臼山《べっしょちゃうすやま》古墳（墳長一六八メートルで上毛野屈指の大前方後円墳）がある。

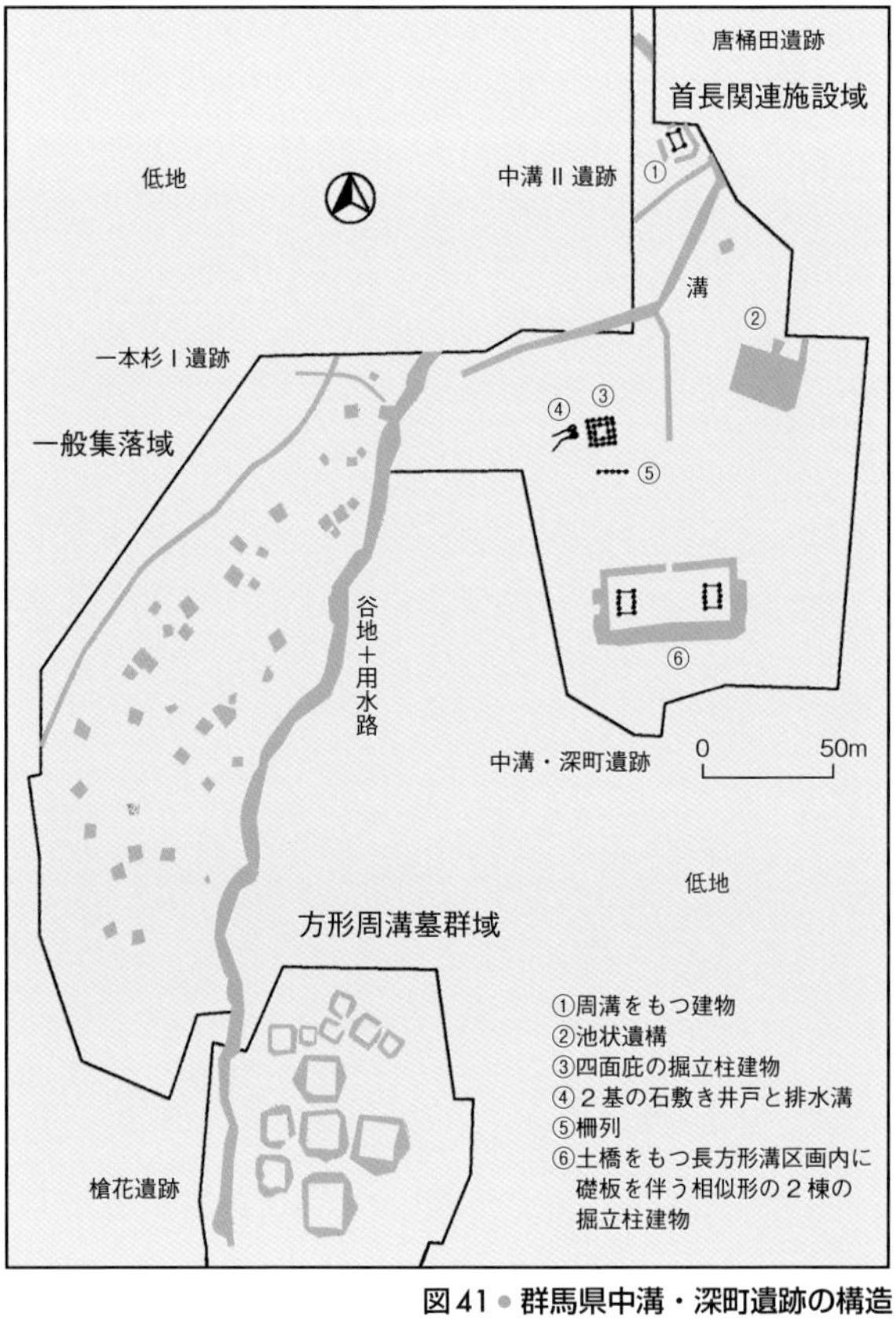

図41 ● 群馬県中溝・深町遺跡の構造

このように中溝・深町遺跡では、首長関連域が独立し、その権能にかかわる諸施設がゆるやかなゾーニングのもとに配分されていた。じつはこうした姿こそ、もっともスタンダードな首長居館のあり方ではないかと考えられるのである。では逆に、三ツ寺I遺跡のような形態の居館がなぜ創案される必要性があったのか。その理由をつぎに推論していこう。

２　水の祭儀を司る首長

水の祭祀の重要性

首長居館と水　近年、古墳時代の井泉祭祀・導水祭祀施設が近畿地方を中心に発見され、首長と水のかかわりがあらためて注目されている。前出の中溝・深町遺跡も湧水地帯にあり、灌漑水路が貫通し、石敷井戸や池状施設をともなうなど、水に関連する属性を濃厚に保有する。有力首長の居所は、すでに古墳時代前期から水にかかわる祭祀施設を装備して成立していたのである。

城之越遺跡　三重県上野市の城之越《じょのこし》遺跡も四世紀の井泉祭祀遺構として著名である。三重県有数の古墳である石山古墳や御旗《みはた》古墳群に近いこの遺跡では、山麓部の湧水を加工した井泉祭祀施設が営まれていた。複数の湧水から流れ出た流路を、石で護岸・装飾し、立石や張出施設を設けて祭祀を執行していたのである。

南郷大東遺跡　奈良県御所市の南郷《なんごう》遺跡群は、大和盆地西南部の大豪族葛城《かずらき》氏に関係する遺跡とされる。五世紀代の渡来系大壁住居、先進金工芸技術を保持した工房などが検出されており渡来集団の居住地を含むと推定されている。

図42　奈良県南郷大東遺跡
谷間の小河川をせきとめ、石貼の貯水池をつくり、木樋で水を建物内の木槽に引き込んで祭祀をおこなった。

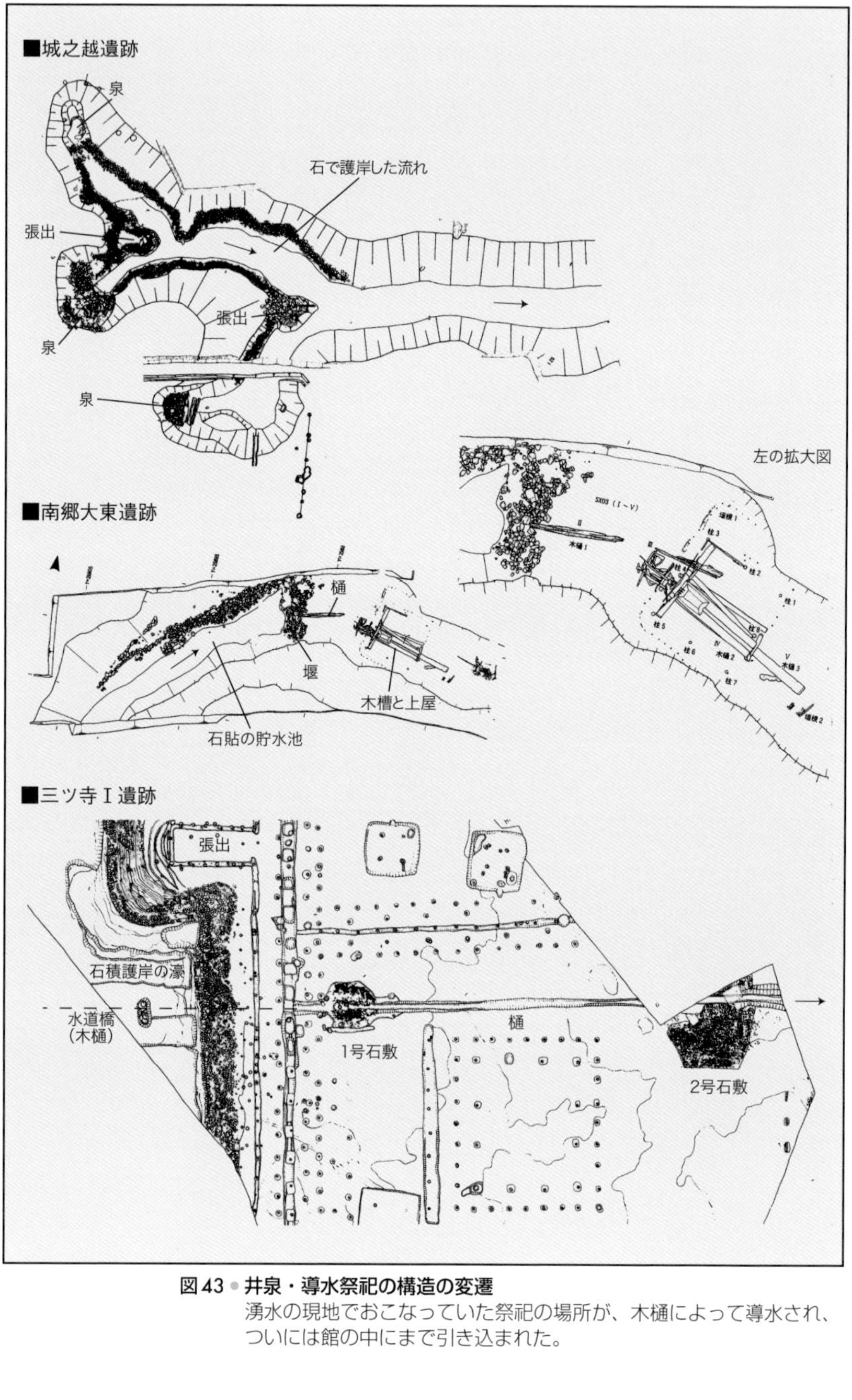

図43 ● 井泉・導水祭祀の構造の変遷
湧水の現地でおこなっていた祭祀の場所が、木樋によって導水され、ついには館の中にまで引き込まれた。

遺跡群の中でも、谷あいにある大東《おおひがし》遺跡では導水祭祀遺構が発見されている。谷間の小河川をせき止め、石で護岸した小さな貯水池をつくる。そこで浄化した水のうわずみを樋によって木槽に導き、さらに樋で下流に放出する仕組みである。木漕の周囲には上屋が架けられ、その中で祭祀がおこなわれていたと考えられる。この仕掛けは、三ツ寺Ⅰ遺跡の導水遺構とひじょうに類似している。

導水施設の進化　ほかにも奈良県南紀寺《みなみきでら》遺跡・三重県六大《ろくだい》A遺跡など類例は増えつづけているが、これらをみると古墳時代の水の祭祀には、①湧水現地でおこなう井泉祭祀と、②樋により特設された場へ水を導く導水祭祀の二形式があったと推定される。

とくに南郷大東遺跡のような人工的な貯水池を造作して導水する形式は、三ツ寺Ⅰ遺跡に発展的に継承された。かつて湧水や谷に設置された祭祀場は、ついにはみずからの館の中にまで引き入れられるまでにシステム化されたのである。これはやがて七世紀の宮都の園池《えんち》遺構にまで発展する技法であろう。

家形埴輪にみる水の祭祀

宝塚1号墳　さらに近年では、四世紀末から五世紀前半代の家形埴輪のなかに、水の祭祀遺構をかたどった資料が増加している。

伊勢地域最大の前方後円墳である三重県宝塚1号古墳（墳長一一〇メートル）には、くびれ部から土橋でつながった方形の造出《つくりだし》がある。造出の上には複数の家形埴輪が置かれていたが、さらに造出から一段下がった部分にも数棟の家形埴輪があった。注目されるのは塀に囲まれた家をあらわした二つの埴輪である。家の屋根を外すと、一つには槽《そう》をかたどった土製品が内蔵され、もう一つには井戸形の土製品が内蔵されていた。すなわち、それぞれが導水祭祀と井泉祭祀の施設をあらわしていたのである。

増大する類例　兵庫県加古川市の行者塚《ぎょうじゃづか》古墳（前方後円墳、墳長約一〇〇メートル）でも造出の上に家形埴輪を並べるとともに、後円部と造出の間の谷状の部分には石を敷き詰め、柵で囲われた家形埴輪を設置していた。その近くからは槽形の土製品が出土し、導水祭祀施設があらわされていたらしい。ほかにも大阪府狼塚《おおかみづか》古墳、心合寺山《しおんじやま》古墳などで槽形土製品を内蔵した家形埴輪や囲形《かこみがた》埴輪がみつかっていて、この埴輪様式が普遍化していたことがわかる。

これらの例を見ると、方形で一段高い造出部分に置かれた家形埴輪群は忠実ではないにしても居館をイメージしているようであり、造出の下の一段低い谷間に見立てた場所に水の祭祀遺構を表現したと考えられる。つまり、現実の居館の環境をよく意識した配列であるといえよう。

水祭祀施設の頂点としての三ツ寺Ⅰ遺跡

井泉・導水祭祀の系譜と三ツ寺Ⅰ遺跡　水にかかわる祭祀遺構とそれをかたどった埴輪の存在からみて、四世紀後半には水を用いた神マツリが大きく発達し、首長権を象徴する祭儀になったことが読みとれる。宝塚1号墳や行者塚古墳の造出の家形埴輪配置をみても、首長居館が井泉に近隣するべきという選地の理想がうかがえるのだ。

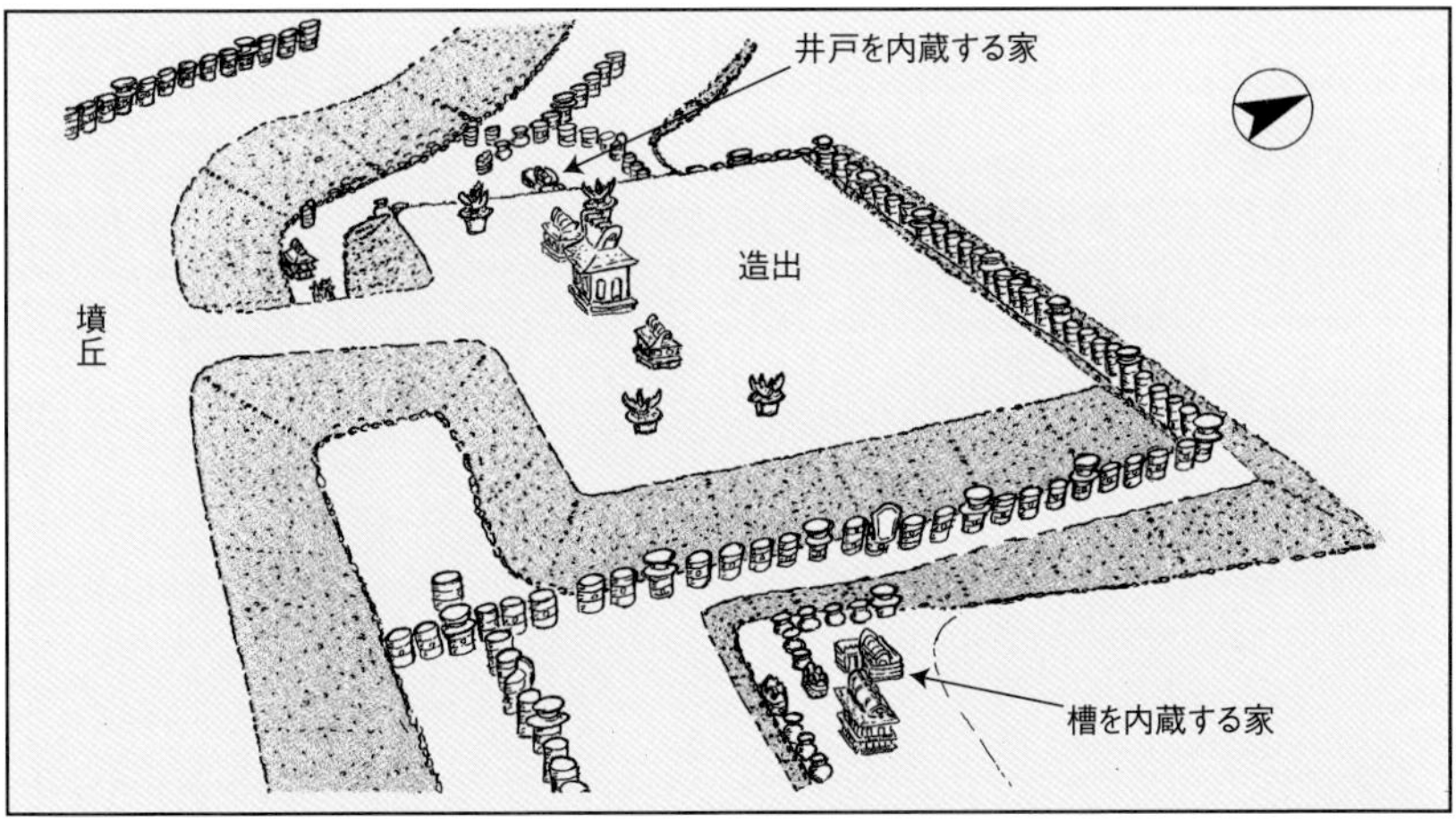

図44 ● 三重県宝塚1号墳の造出における井泉祭祀施設・導水祭祀施設をあらわした埴輪の配置

図45 ● 宝塚1号墳の井泉祭祀施設をあらわした埴輪
塀の中に家があり、屋根をはずすと中に井戸の表現がある。

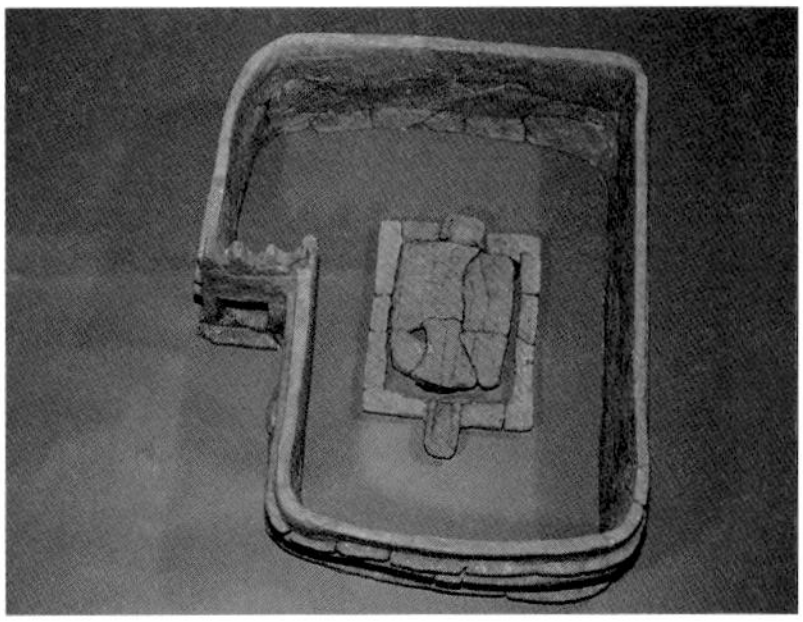

図46 ● 宝塚1号墳の導水祭祀施設をあらわした埴輪
塀の中に家があり、屋根をはずすと中に槽をかたどった土製品がある。

まさに三ツ寺Ｉ遺跡は、こうした水の祭祀の系譜を最高に高めた設計理念によって成立したといえるだろう。三ツ寺Ｉ遺跡の濠や石積みの外観も、城之越遺跡の河道の石貼装飾や張出施設、南郷大東遺跡の石貼の貯水池など、井泉・導水祭祀遺構を構成する要素を媒介に考えることが可能である。

聖なる泉が三ツ寺Ｉ遺跡の原点　じつは、三ツ寺Ｉ遺跡の第１張出の付け根部分には湧水点（湧水１）が存在する。湧き出た水は南側の猿府川に合流し、川底からは祭祀に用いたであろう多量の土器が検出されている。土器型式をみると、居館築造以前から湧水１に対する祭祀がおこなわれていたようである。むろん館が継続している時期にも盛んに遺物の投入がおこなわれた。さらに、湧水のまわりには複数の井戸が築かれ、居館廃絶後の六世紀から一〇世紀にかけて土器や木簡・斎串《いぐし》などがえんえんと投じられているのだ。湧水１の祭祀は五〇〇年以上も継続したことが明らかである。

つまり、湧水があったがゆえ、三ツ寺Ｉ遺跡はここに計画されたのであった。聖なる泉のほとり、周囲に水濠をめぐらし、郭内に立派な井戸と導水施設を装備した三ツ寺Ｉ遺跡は、水をキーワードに構想された施設であったとすらいえるのである。

第5章　古墳時代の地域社会

1　首長による政治・経済活動

農業経営の刷新

これまでの検討により三ツ寺Ｉ遺跡は、首長が水の祭祀を核として集団統合をおこない、地域政治を司るために設置した拠点・象徴施設であったことが判明した。当時ここを要としてさまざまな社会的活動がおこなわれていたはずだが、本章ではその諸相を明らかにしていこう。

検討の手助けとなるのが、本遺跡周辺に残された非常に保存度の高い遺跡群である。五世紀末から六世紀はじめ、この地は榛名山の噴火に見舞われ、来襲した火砕流や泥流が集落、耕地などを埋没させた。先人たちに対しては気の毒というほかないが、結果的に当時の地表情報が面として良好に保存され、古墳時代の社会活動を描き出すのに適した地域となっている。

水田開発の軌跡　北関東の群馬県地域は一般に山岳地域と思われがちだが、意外にも榛名山東

図47 ● 三ツ寺Ⅰ遺跡を中心とする5世紀の社会
館を中心にして集落が展開している。集落のまわりには畑作域が広がる。湧水地帯からは灌漑用の水路が張りめぐらされ、小さな区画の水田が果てしなくつづいている。山裾には首長が埋葬された大きな前方後円墳が3つ築かれている。三ツ寺Ⅰ遺跡はこうした社会経営の拠点であった。発掘調査の成果から復元された模型。(かみつけの里博物館蔵)

南麓・赤城山南麓および利根川沿岸には広大な可耕地が広がっている。それは丘陵地形が連続する南関東の可耕地よりも広く、遊水・滞水の激しい利根川中・下流域よりも人工制御しやすい環境を有している。しかし北関東の弥生人たちは、この広い低湿地を眼前に見ながら、そこに稲を実らせることはなかった。彼らの稲作は谷水田経営を専らとし、一定の灌漑用水網を必要とする湿地開発をおこなうまでの技術体系を保有していなかったのである。

低湿地の水田開発は、三世紀後半、伊勢湾岸地方から移入した集団の力によってようやく果たされた。外来集団は上毛野の沃野を目指し、新しい農業ソフトウェアを携えて目的的にやってきたと考える。彼らの技術投入によって、低湿地の水田化は古墳時代前期のうちに瞬く間に完成をみており、急激な経済成長を背景に、東日本でも傑出した大型古墳が上毛野の大地につぎつぎと成立した。その到達点は、四世紀末に東日本最大の規模を誇った浅間山《せんげんやま》古墳（全長一七二メートル、高崎市倉賀野町）の築造に結実している。

治水と水田政策の革新　四世紀における低湿地開発の一応の完成をうけて、五世紀の首長は新しい農業政策を打ち出すことになる。そのもっとも重要な政策が、①水源の掌握、②農業用水の灌漑水利の刷新、③これにともなう耕地改良事業の連動的実施であった。

①の水源確保の施策は、集落の山麓移動から推定される。五世紀後半の遺跡を地図上にプロットすると、それまで低湿地に集中したものが、この時期に河川水源のある榛名山山麓部へと移動していくことが明らかだ。同様に首長の墓域もまた山麓部へ遡上する。地域経営拠点である三ツ寺Ｉ遺跡は、まさにそうした山麓湧水地帯を狙って築造されたのである。

山麓域にある高崎市芦《あし》田《だ》貝《がい》戸《と》遺跡からは、五世紀後半に築かれた幅一〇メートル、深さ四メートルもある直線水路が発見されている。台地を貫通する大規模水路の造営は、②の灌漑事業の実施を雄弁に物語るものだ。あわせて、三ツ寺Ｉ遺跡の構造にみた石積みの堤と堰・水道橋・広大な濠の存在も、裏を返せば農業土木技術の応用であることが注目されよ

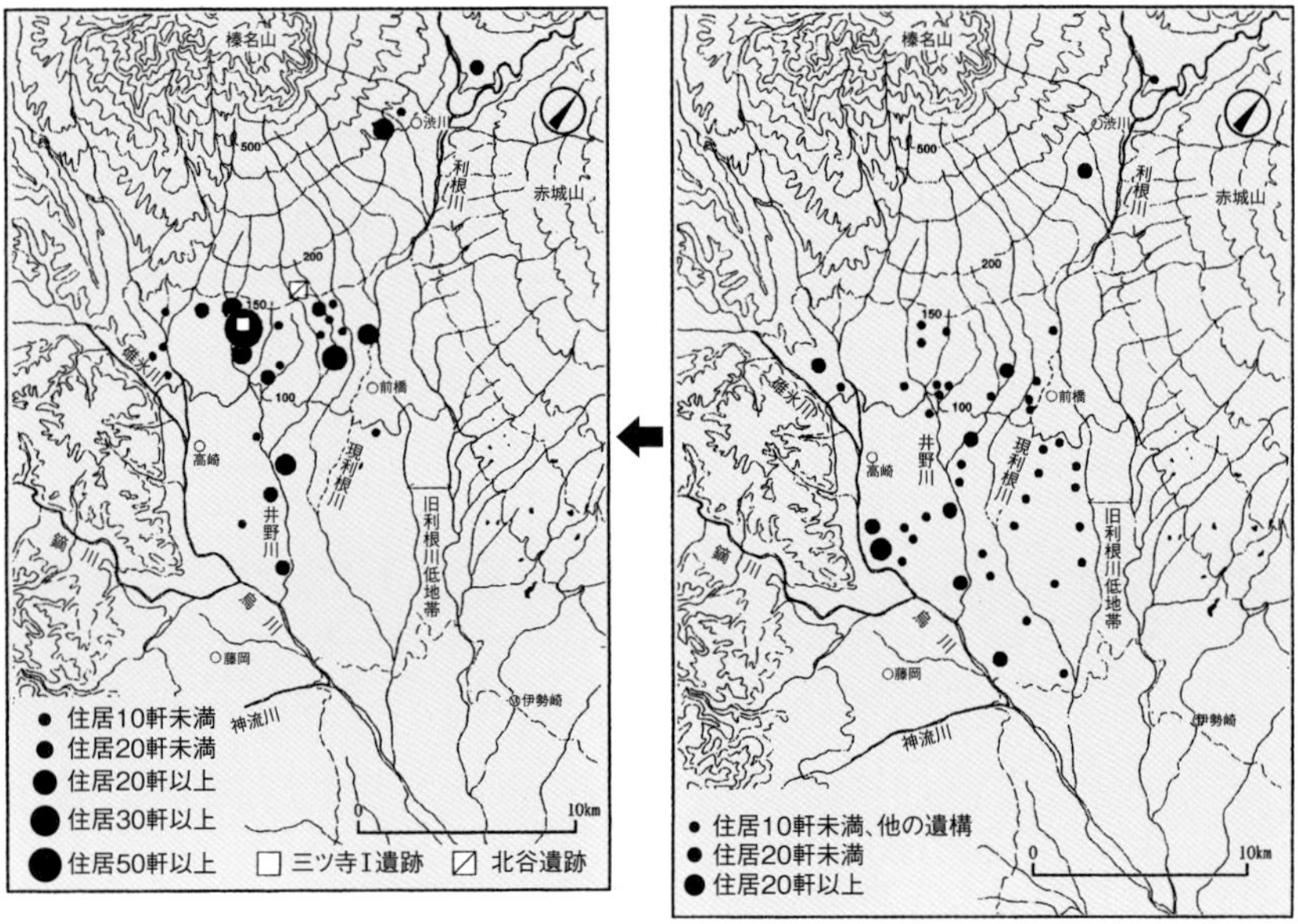

図48 ● 榛名山東南麓における集落移動
古墳前期（右）から中期後半（左）にかけて山麓部へ遡上する。

う。このように、三ツ寺Ⅰ遺跡の存在からもまた、貯水池や堰堤、掛樋《かけひ》といった農業水利事業の刷新が類推されるわけだ。

さらに、③の耕地改良事業は、極小区画水田の面的拡大によって実施された。極小区画水田とはいわば平地の棚田であり、一辺が二メートルに満たない範囲を畦で区画しながら、えんえんと水田域を拡大していく手法である。水源を確保し、大規模水路で水を各所に配分した後は、極小区画水田の連鎖によって用水をきわめて効率的に行きわたらせる。この一連の事業によって既存水田域を高度に集約化し、かつ水耕面積の拡大を推進していったのである。高崎市横手早稲田遺跡や日高Ⅳ遺跡、新保《しんぼ》遺跡にみるように、ときには三、四世紀の集落を廃しその上層に極小区画水田を拡大した例すら存在する。

以上のように、三ツ寺Ⅰ遺跡の首長は「治水王」にふさわしい農業政策を矢継ぎ早に断行し、水利権を確立したと考えられる。

畑作地の拡大　同時に山麓の森林は切り開かれ、畑作域の拡大も急ピッチで進められた。榛名山東南麓地域で発掘調査をおこなうと、かなりの確率で火砕流に埋没した古墳時代の畑の畝《うね》跡を見出すことができる。水田改良事業推進の一方、乏水《ぼうすい》地帯（水田不適地）は畑作域として政策的に用途転換がおこなわれたものと考えたい。これにともなって、多様な種類の畑作物が新たに導入された可能性が考えられよう。

図49 ● 極小区画水田
（高崎市御布呂遺跡）

図50 ● 台地一面に広がる畑
（高崎市下芝五反田遺跡）

渡来人の招致と技術導入

上毛野の渡来人　五世紀には倭と朝鮮半島南部の政治交流によって、多くの人びとが海を越えてきた。考古遺物の実際からみて、窯業・紡織業・冶《や》金《きん》・金工・馬匹《ばひつ》生産などの勃興は、外来の技術者によって推進されたものだと考えられる。

　こうした新技術の獲得は、地方の首長らにとっても一大関心事であったことは疑いない。ヤマト王権を介して、または地方有力首長が王権用務として朝鮮半島で活動したのを契機にして、渡来人たちは海を越え、列島の要所に定着した。ここ榛名山東南麓にも、人と技術がいち早く定着し、その質と量は東日本でもっとも高いレベルにあった。

渡来一世の存在証明　現在、上毛野に見られる五世紀の渡来要素は、墳墓（方形積石塚《ほうけいつみいしづか》）、韓《かん》式系土器（軟質土器）、金工品、馬の埋葬土坑《どこう》、馬具である。高崎市剣崎長《けんざきなが》瀞西《とろにし》遺跡ではこれらがセットで検出されている。この遺跡は、三ツ寺Ⅰ遺跡から四キロ南西の近さにあるが、榛名山麓とは地勢を異にする台地上に位置する。三ツ寺Ⅰ遺跡の領域に隣接する別な首長に属する遺跡である。

　渡来人の存在を如実に証明するのは、朝鮮半島北部に由来する積石塚（石だけでマウンドを築いた低墳丘墓）と、彼の地の日常容器である軟質土器の存在である。結論からいうと、この資料群は当地にやって来た渡来一世の人びとが残した文物であり、彼らのアイデンティティを

図51 ● 高崎市剣崎長瀞西遺跡の積石塚
石だけで積まれた低い墳丘は朝鮮半島起源。

濃厚に主張する遺構遺物だといえよう。

　これらは渡来人が世代を重ね、倭人と混血し、文化習俗が希薄化するにつれ急速に消え去る要素である。だからこそ、渡来第一世代の存在証明となるのである。

　榛名山東南麓地域周辺において積石塚は二二遺跡六〇基程度、軟質土器もおよそ一〇遺跡で見つかっており、東日本ではもっとも濃密な分布を示す。この分布エリアは群馬郡地域にほぼ重なっており、三ツ寺Ⅰ遺跡を中核とする榛名山東南麓の政治勢力が、渡来人を目的に招致したことを示していると思われる。

一定の地位を占めた渡来人　三ツ寺Ⅰ遺跡から北西へ一・五キロ、首長の奥津城である保渡田古墳群からほど近い位置に下芝谷《しもしばや》ツ古墳がある。一辺が二〇メートルの方墳で二段に築かれており、下段は盛土墳に葺石を施したものであるが、上段には四角く低い積石塚を載せているという特異なものである。中段の平坦部には円筒埴輪をめぐらしていた。積石塚に内蔵された竪穴式石槨は盗掘を受けていたが、鉄製武具や馬具、倭装大《わそうた》刀《ち》、金銅製飾履《しょくり》などが残存していた。
　金銅製飾履は金属製の靴で、朝鮮半島で流行した葬礼用の高級装身具である。谷ツ古墳のものは、透かし彫りと蹴彫《けりぼ》りを施した薄い銅板に金

図52 ● 韓式系土器の一例
（下芝五反田遺跡）
格子状の叩き目が特徴。

図53 ● 高崎市下芝谷ツ古墳
方形の盛土墳の上に低い積石塚を載せる特異な形式。

メッキを掛け、四枚の板を銀の鋲で組み立てる。それに一〇〇を超える歩揺《ほよう》（針金で小さな円盤を揺れるようにとり付けた部品）やガラス玉をあしらった豪華絢爛な装飾品だ。飾履は、日本全国で破片を含めて二〇点弱が知られるにすぎないが、谷ツ古墳の例は、なかでも最古・北限の資料で、もっとも手の込んだ細工であり、百済から渡来した工人が倭で製作した可能性が説かれている（土屋二〇一八）。

飾履の大半は、各地域で最大級の古墳から出土しているが、谷ツ古墳は保渡田古墳群に次ぐセカンダリークラスの墳墓にすぎない。想像をたくましくすると、積石塚という半島要素と、埴輪という倭風の制を融合する谷ツ古墳に埋葬された人物は、この地に招来された渡来人集団の長であり、三ツ寺I遺跡の首長の政治組織において一定の地位を占めた人物ではなかったか。

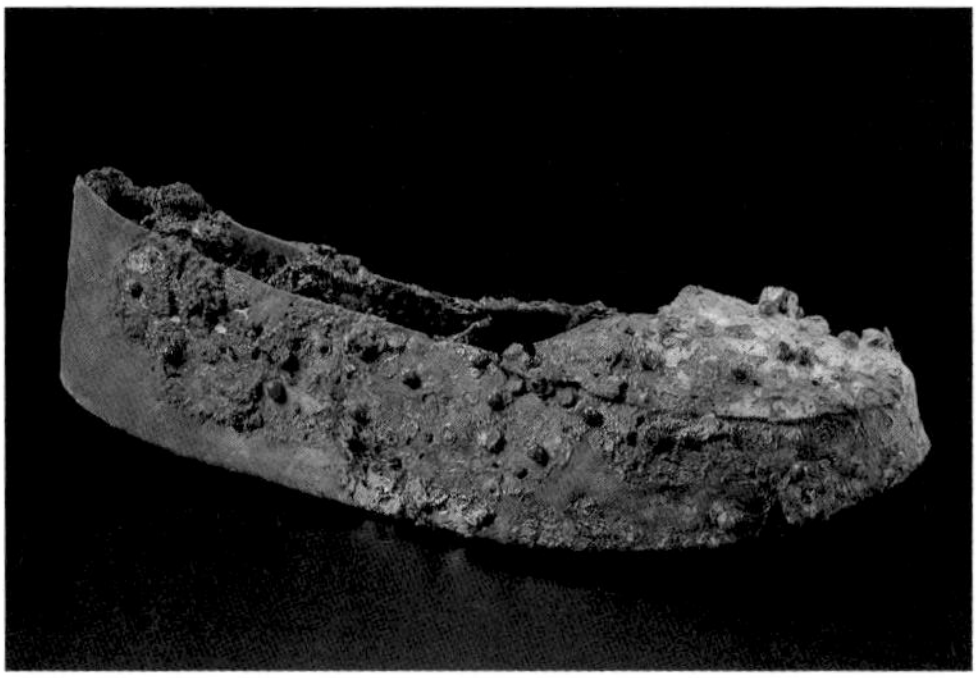

図54 ● 金銅製飾履（高崎市下芝谷ツ古墳）
さび付いているが，かつては金色に輝いていた。

高付加価値の産業としての馬生産

渡来人と馬　この地に招来された渡来人技術者は多岐に及んだと思われるが、考古学的素材から類推できるのは、まずは農業系技術者であろう。首長にとって、農業土木技術の刷新がもっとも重要な政策的核であったことはすでに述べたとおりであり、堰や堤、大水路、水道橋などの構築に新来の治水技術が投入された可能性は高いと思う。

そしてもう一方の柱は馬生産の技術者であったと考えられる。先に紹介した剣崎長瀞西遺跡には渡来文物の一つとして馬の埋葬土坑があった。長方形の穴に馬を埋葬したもので、口には鉄製の轡《くつわ》が付けられたままであった。松尾昌彦によるとこれは朝鮮半島製の古式の馬具であるという。

馬は古墳時代に倭にもたらされたが、単に馬だけではなく、種付けや調教の技術、病気の管理、馬具生産などの業務体系がセットで移入されたものである。導入初期には渡来人の馬飼い集団が牧《まき》の経営にあたったことは明らかであり、彼らの習俗もともに持ち込まれた。長瀞西遺跡の土坑は、彼らによる馬の犠牲習俗を推定させるものであり、この地で馬生産が開始されていた有力な証拠となる。

牧の経営　馬生産の証拠はほかにもある。火砕流に埋没した水田や古墳の斜面などに残された馬の蹄《ひづめ》跡や古墳から出土する古式の馬具である。また古墳に並べられた馬形埴輪も、当時すでに有力層が馬を保持したことの傍証資料である。

さらに、渋川市の白井《しろい》吹屋《ふきや》遺跡群では火砕流や六世紀前半に降下した軽石層の下から、台地一面に刻印された馬蹄《ばてい》跡が見つかっ

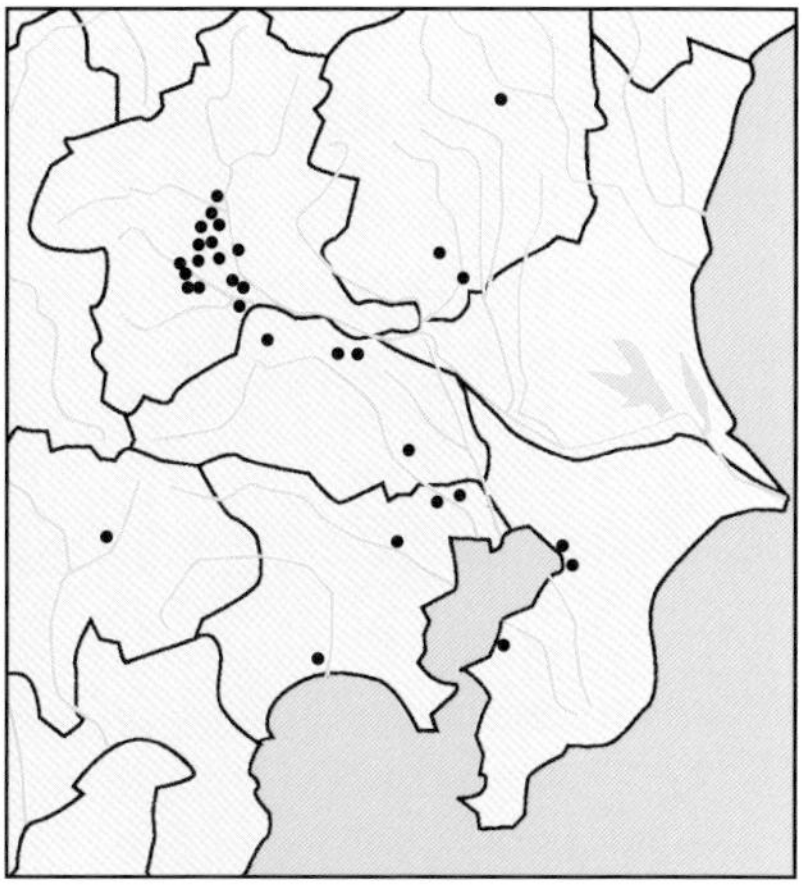

図55 ● 関東地方における5世紀の渡来文物
群馬県の榛名山東南麓に集中する。

図56 ● 火山灰の下から発見された無数の馬蹄跡
（渋川市白井吹屋中原Ⅱ遺跡）

ている。馬生産の現場である牧の一角がとらえられた可能性は大きい。広大な土地を必要とする牧は、首長のもくろむ土地利用計画に従い、川や崖の自然地形で隔絶された空間や、山体部の乏水地帯などに選地されたのであろう。

馬生産の政治性　馬の導入は、人力から畜力への移行を意味し、近代蒸気機関の発明に匹敵する大変なエネルギー革命であった。馬の利用価値は、軍事・運輸通信・農耕・権威表象と多岐におよび、現在の自動車産業にたとえうるものである。

当時、朝鮮半島内部での国家間の軍事紛争に介入していたヤマト王権にとって、馬匹生産は政治的な必要性を帯びたものであった。三ツ寺I遺跡の首長らは、こうした風潮を敏感に察知し、渡来人の招聘《しょうへい》によって付加価値の高い産業である馬生産をこの地に導入したのである。これは、ヤマト王権から委託された事業であった可能性もあり、上毛野地域の地域経済力の形成に重要な役割を果たしたものと思われる。

図57 ● 馬の埋葬坑から出土した朝鮮半島製馬具
（剣崎長瀞西遺跡）

2　古墳から見る首長の政治領域と儀礼

首長の政治領域

榛名山東南麓に集中する大型首長墓　これまで述べたような諸活動をおこなった三ツ寺I遺跡の首長は、果たしてどのくらいのエリアをその政治領域としていたのだろうか。七世紀には「評《こおり》」

という、後の郡に相当する行政単位が設定されたが、これは五～六世紀の古墳時代首長の政治領域をある程度下敷きにして成立している場合も多い。

三ツ寺Ⅰ遺跡の所属は、榛名山東南麓に設置された後の車評《くるまのこおり》・群馬郡域にあたる。しかし、三ツ寺Ⅰ遺跡の首長が多くの例と同様に、郡に相当する範囲を統括していたかといえば、そうとはいえない。五世紀後半のこのエリアには、異例なほど多くの前方後円墳が築造されているからである。さほど広くない大和盆地や河内平野に幾多の巨大古墳が集中するように、それをスケールダウンしたような一極集中地帯の様相を示していたといってよい。

複数の首長墓系列　その群馬郡および近隣地域には、五世紀後半に八〇～一二〇メートル級の大型前方後円墳が合わせて一〇基築造された。その墳形を検討すると、井野川流域には、五世紀前半に東日本最大の前方後円墳であった太《おお》田《た》天神山《てんじんやま》古墳（二一〇メートル）と同じ設計形態をとりながらその規模をおよそ二分の一に減じたものが分布する。一方、烏川流域には四世紀末に東日本最大を誇った浅間山古墳（一七二メートル）と同規格で、規模を四分の三から二分の一に縮めた古墳がつ

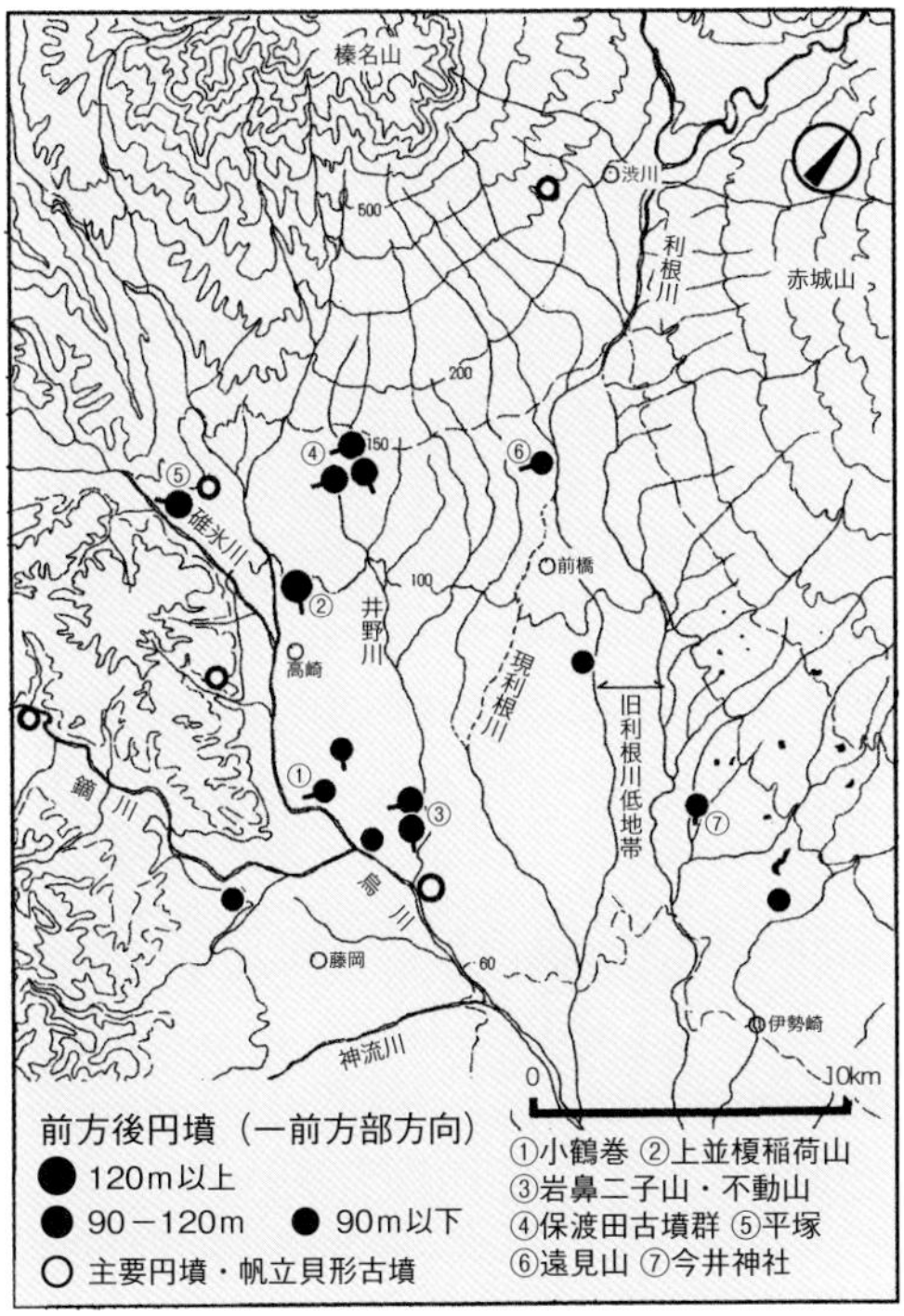

図58 ● 榛名山東南麓の5世紀後半の前方後円墳

くられている。したがって、それぞれに異なる象徴を戴いた首長の系統が、河川の流域を別にして並立していたのである。

さらに流域内での古墳の時期差を調べると、先に述べたように築造地点が下流域から山麓域へ移動していく現象がみられる。したがって、首長の政治領域が河川流域を基礎としていたことがあらためて確認されることになる。

こうした視点で点検すると、この地域には、最低でもつぎの四系統の首長系列が確認される。

①旧利根川西岸域（広瀬弦巻塚《つるまきづか》古墳〔八〇メートル級〕・遠見山《とおみやま》古墳〔八〇メートル級〕）

②井野川流域（岩鼻二子山古墳〔一一五メートル〕・不動山古墳〔九四メートル〕→井出二子山古墳〔一〇八メートル〕・保渡田八幡塚古墳〔九六メートル〕、保渡田薬師塚古墳〔一〇五メートル〕）

③烏川東岸域（上並榎稲荷山《かみなみえいなりやま》古墳〔一二〇メートル級〕、小鶴巻古墳〔九〇メートル級〕）

④碓氷川下流域（平塚古墳〔一〇五メートル〕）

①の地域では古墳が滅失・改変を受けており、墳形や埋葬部がわからないが、②と④の地域

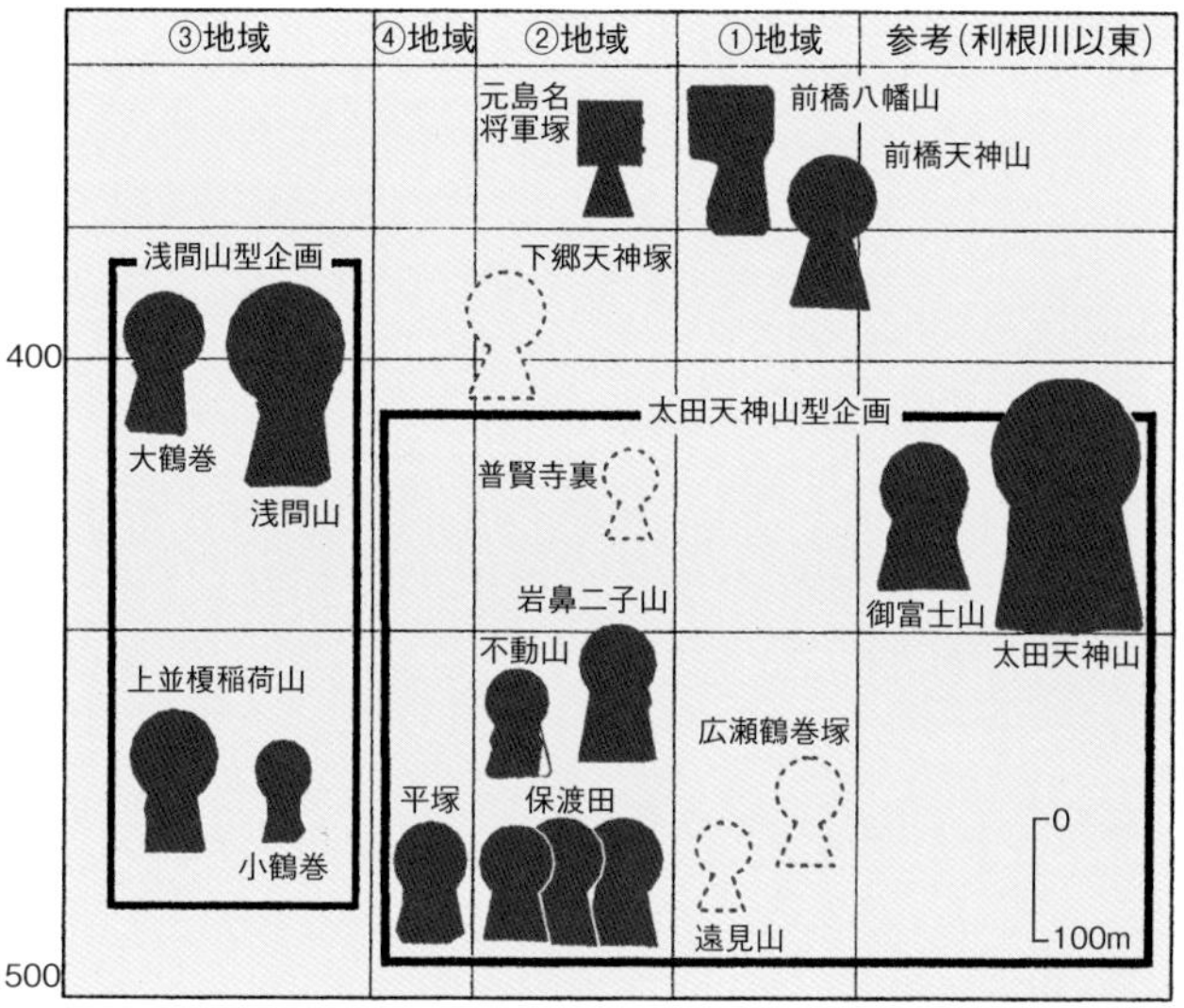

図59●首長墓の系列

の諸墳は等しく太田天神山型に連なる墳形を採用している。また②③④地域の古墳は例外なく巨石をくり抜いた舟形石棺を埋葬施設に用いており、梅澤重昭や右島和夫、徳江秀夫が説くように、同じ棺を共有した首長連合がこの地域に成立していたといえる。

首長の政治領域と経済背景　三ツ寺Ⅰ遺跡が属する②の地域にはもっとも多くの前方後円墳が形成されていることから、三ツ寺Ⅰ遺跡の首長が当地の首長連合を代表する位置にあったと思われる。しかし、その直接的な政治領域は井野川という中河川流域程度であったと考えてよい。群馬郡周辺域にこれほど多くの有力首長系列が成り立ち得たのは、農業政策の成功による生産力の増大とともに、勃興した馬生産をはじめとする新産業の経済的恩恵によるところが大であったと思われる。

首長の眠るところと埴輪群像

首長の奥津城　三ツ寺Ⅰ遺跡から北西に一キロ、山麓湧水地帯から山体の乏水地帯に移行する場所に保渡田古墳群がある。三ツ寺Ⅰ遺跡の首長が死後に埋葬された墓域だ。井出二子山古墳（五世紀第4四半期）、保渡田八幡塚古墳（五世紀第3四半期）、保渡田薬師塚古墳（六世紀はじめ頃）の三つの前方後円墳がある。

いずれの古墳も、埋葬主体部に凝灰岩《ぎょうかいがん》をくり抜いた舟形石棺を採用している。蓋と身をあわせると長さ三メートル、高さ一・五メートルもある巨大な

図60●巨大な舟形石棺（保渡田八幡塚古墳）

石棺は、群馬県西部で知られている約二〇例の中でも最大規模のもので、有力首長の棺にふさわしい。

古墳の向きをめぐって　これらのうち、二子山古墳と薬師塚古墳は前方部を南に向けている。一方、八幡塚古墳は前方部を西に向けて占地する。古墳の軸線は見た目を決定する最大の要素であり無意味に決められたはずがない。埋葬された首長の出自を反映しているとみるのが妥当である。

保渡田古墳群が築かれる以前、井野川水系における首長の墓所は川伝いを一〇キロ下降した高崎市岩鼻町から綿貫《わたぬき》町にかけて営まれていた（綿貫古墳群）。ここには、五世紀中葉から第3四半期につくられた二基の大型前方後円墳（岩鼻二子山古墳と不動山古墳）が確認されるが、前者は南向き、後者は西向きと軸線を変えていて、保渡田古墳群の構造と似通っている。保渡田古墳群、綿貫古墳群それぞれに、構成する古墳の時期がきわめて近接していることも特異である。このことから、直系血族による首長位の継承法が確立していたかは、はなはだ疑問であろう。井野川流域の地域経営は、複数の首長系譜によって担われていた可能性も考えられるのである。

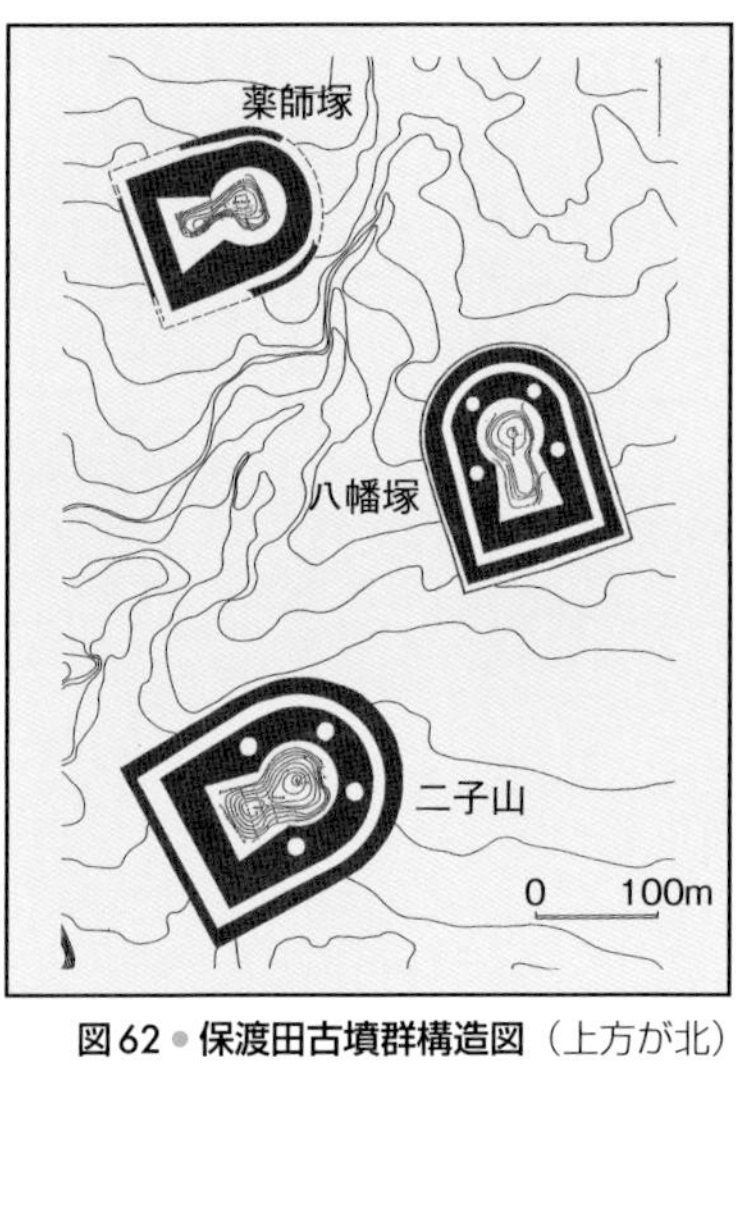

図62●保渡田古墳群構造図（上方が北）

図61●空から見た保渡田古墳群

埴輪様式のモデルとしての八幡塚古墳　保渡田古墳群を特徴づけるものに埴輪の充実がある。二子山古墳で採用された人物埴輪は関東でも比較的初期の段階に位置づけられることで知られる。二番目に築造された八幡塚古墳は、二重の周堀と一重の外周溝がめぐる全長一九〇メートルの墓域を誇っているが、ここには約六〇〇〇本もの規格化された円筒埴輪が立て並べられていた。この古墳の造墓にあたって、埴輪生産体制が急速に整えられたことが明らかだ。

また、八幡塚古墳の内堤《ないてい》の上には、五〇体以上の人物・動物埴輪を配列した区画が二つ設置されていた。並べられた埴輪は、人物・動物埴輪のほとんどの種類を網羅しており、その後六世紀に関東で花開く人物埴輪文化を規定したのは、本古墳の埴輪様式であったと思われる。

埴輪様式と三ツ寺Ⅰ遺跡の儀礼　八幡塚古墳の二つの埴輪配列区のうち残りのよいA区を検討すると、置かれた五四体の埴輪たちは一つの場面をあらわしているのではなく、時間や空間を異にする複数の場面によって成り立っていることがわかった。すなわち、

①座した男が女から飲物の供献を受ける儀式の場面（Ⅰ群）
②立位の男女を核とした儀礼の場面（Ⅵ群）
③猪狩の場面（Ⅲ群）
④鵜飼の場面（Ⅳ群）
⑤水鳥の列と鷹狩の場面（Ⅱ群）

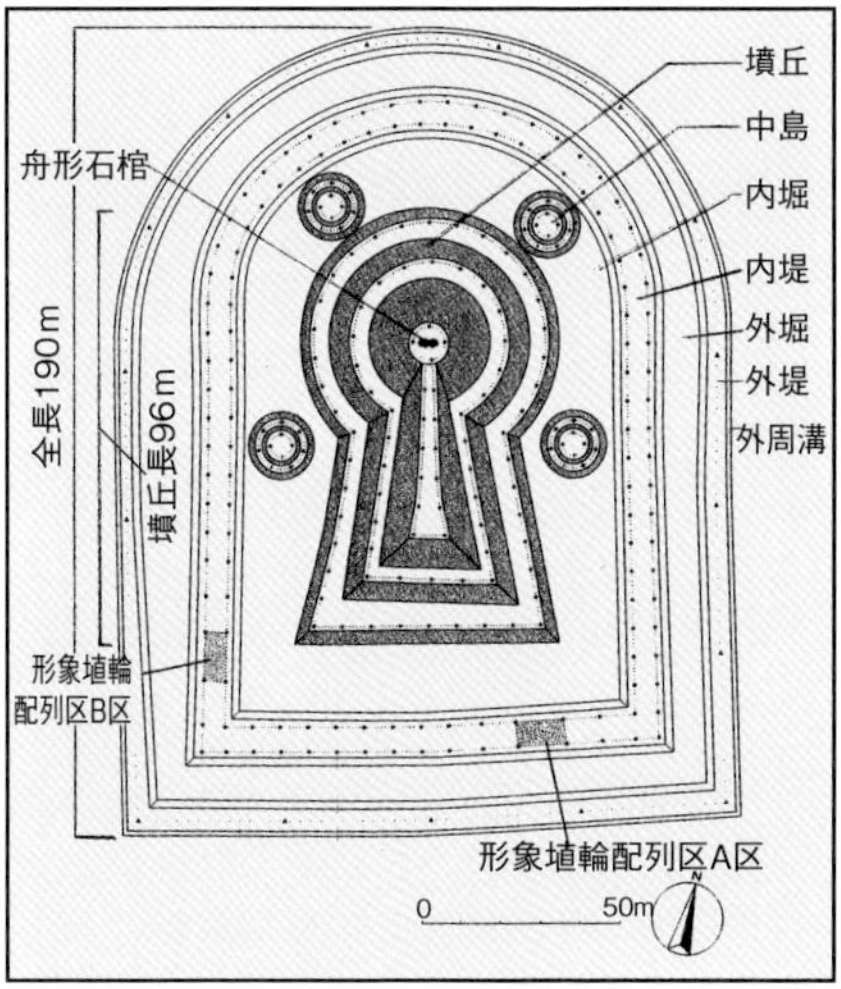

図63●保渡田八幡塚古墳の構造

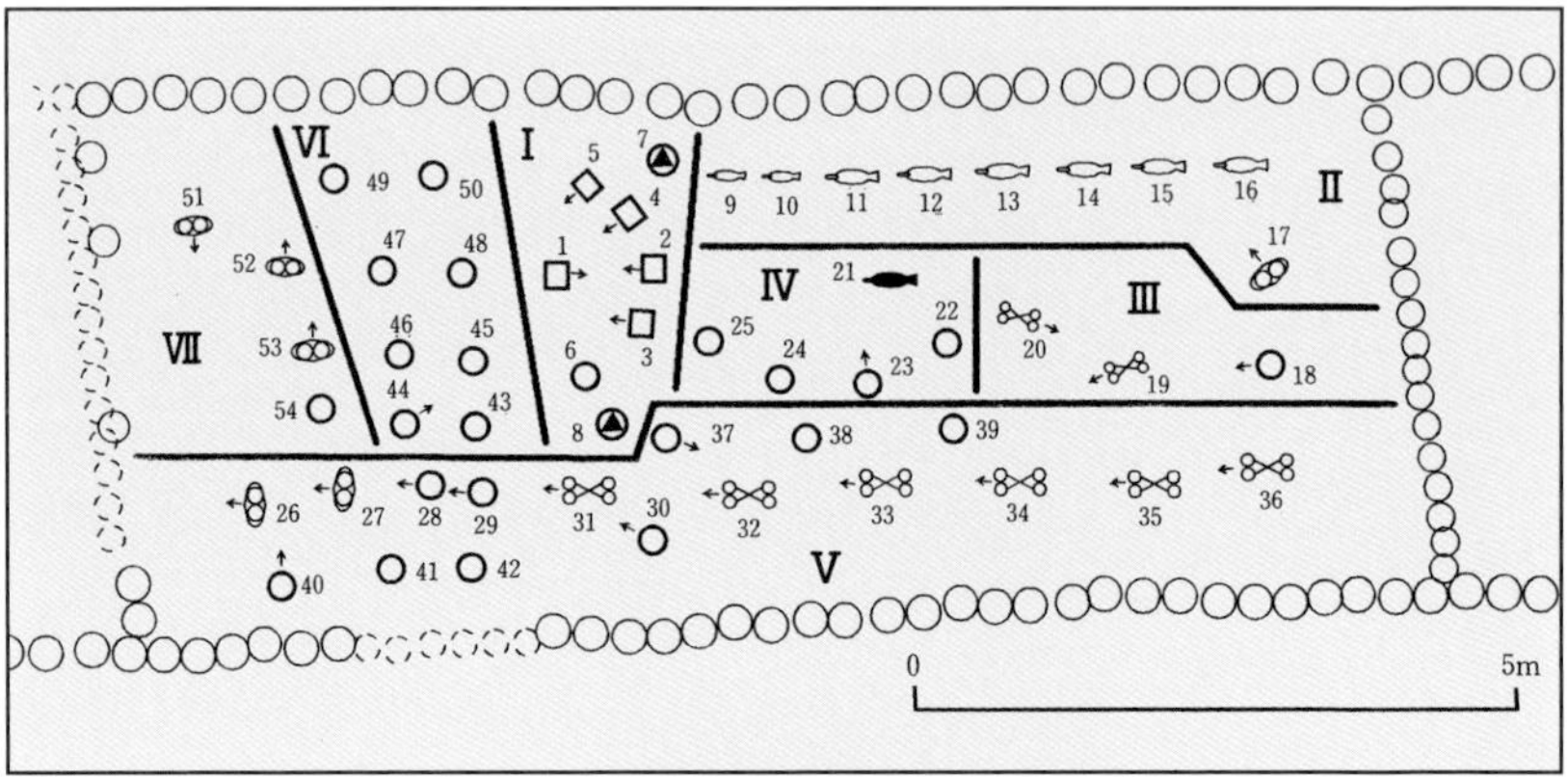

図64 ● 八幡塚古墳埴輪配列区A区のグルーピング
Ⅰ椅座人物による儀礼、Ⅱ鳥の列・鷹狩、Ⅲ猪狩、Ⅳ鵜飼、Ⅴ盛装人・武人・甲冑・馬の列による財物の顕示、Ⅵ立位人物による儀礼、Ⅶ力士・武人による威儀。

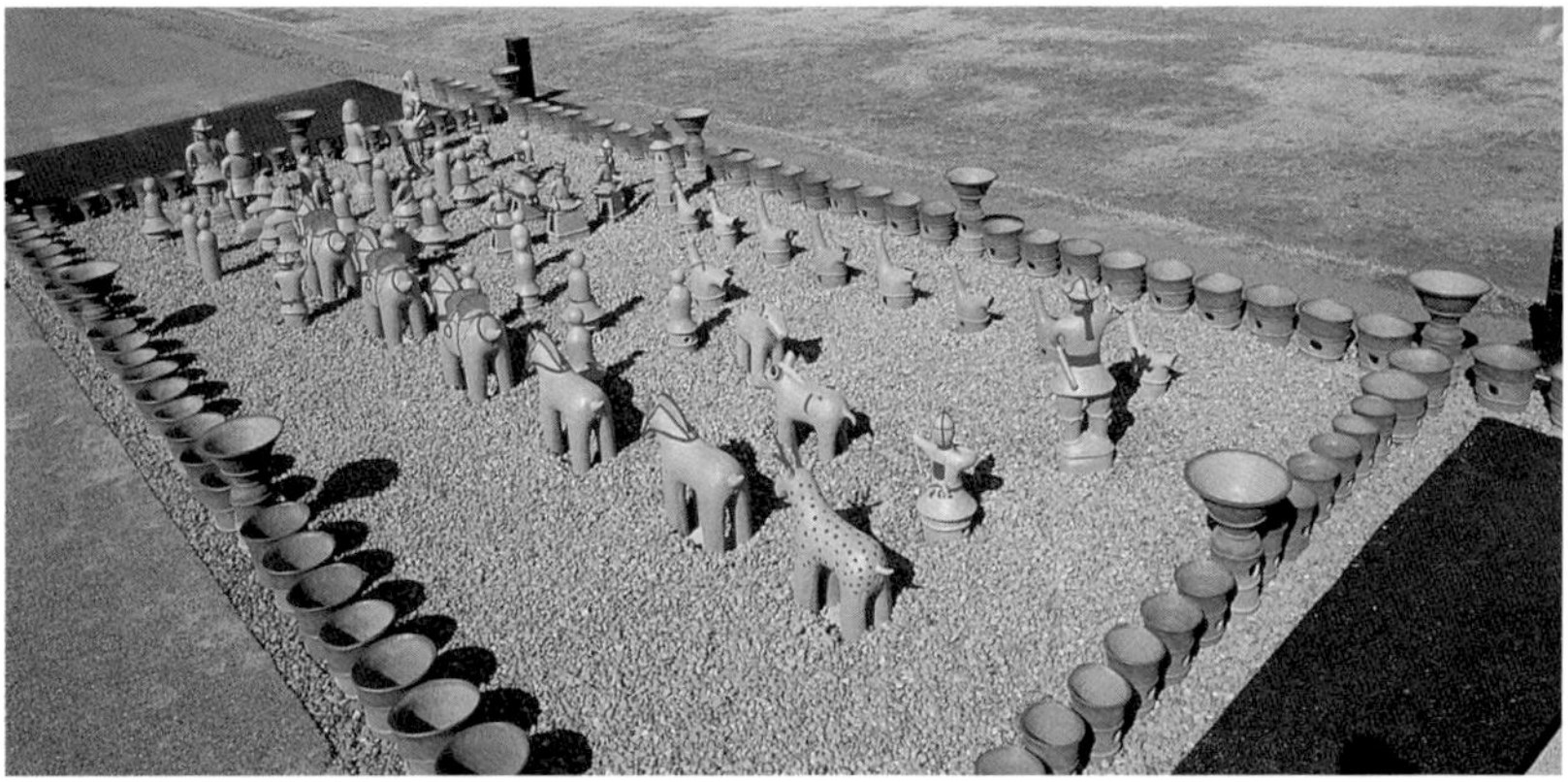

図65 ● 八幡塚古墳に並べられた人物埴輪（復元）
首長の墓には50体を超える人物や動物の埴輪が並べられていた。そこには儀礼や猪狩、鵜飼、鷹狩などをあらわす多くの場面が集められている。

図66 ● 水の祭儀をあらわした埴輪群（復元）
座した首長に女子が坏を捧げる。脇には壺が置かれている。

⑥武人と力士による威儀の場面（Ⅶ群）
⑦首長の財物である装具や武具、馬などを並べて誇示した場面（Ⅴ群）

である。これらをみると、首長の権能にかかわった神マツリや儀礼、ならびに経済力や武威を示す財物をとりそろえて、生前の威勢を誇るかのようにみえる。

なかでも注目されるのは、配列の中央に置かれた①（Ⅰ群）の場面である。座した首長が、同じく座した上層男子や琴弾き人を従え、女子から飲物をすすめられている様子を造形してあり、周囲には壺が置かれている。壺の中の液体を汲《く》み、女子がそれを首長に奉じるという、きわめて物語性の強い場面だ。

ここで三ツ寺Ⅰ遺跡とのかかわりを重視するなら、この場面は導水祭祀施設でおこなわれた水にかかわる祭儀を形象したものであると考えたい。生前の居館である三ツ寺Ⅰ遺跡でもっとも重視されていた水の祭儀と、死後の世界において首長の権能を象徴させた埴輪様式が無縁であるはずがないからである。埴輪の世界にみられる首長の権威的な諸行事は、おそらく三ツ寺Ⅰ遺跡の内外で実施された諸儀礼を形象したものにほかならないと思われる。

3　人びとの暮らしと神マツリ

ムラの本来的な姿　榛名山麓では、首長の活動を支えた民衆のムラが数多く調査されており、なかには火山灰や軽石に埋もれ、きわめて良好な状態を保ったものも存在する。噴火によって地表情報が保全された遺跡の調査は、古代集落のイメージを一新するほど画期的なものであった。

従来、古代集落は竪穴住居を中心にして考えられていたが、実際は平地建物（地面を床にした小屋）を中心に竪穴住居、高床建物、祭祀跡、道、畑などが有機的に配置されていたのである。とくに平地建物は、居住用、倉庫、醸造小屋、作業小屋、家畜小屋など多様な用途に分かれていた。

渋川市黒井峯遺跡や西組遺跡などでは、上述の建物群が柵で囲まれ、世帯・家族に相当するであろう単位を形成していた。また、一つの集落はそうした単位の集合体であることも確認された。黒井峯遺跡の各単位には規模や装備の差があり、なかでも家畜小屋を保有する単位が優勢である。しかしながら、小さい単位においても、住居の中から古墳の副葬品として扱われるような水晶製切《きり》子《こ》玉《だま》とガラス玉が一連となって発見されている。したがってこうした単位が、群集墳のなかの小型古墳を営む築造単位にも合致する蓋然性が高い

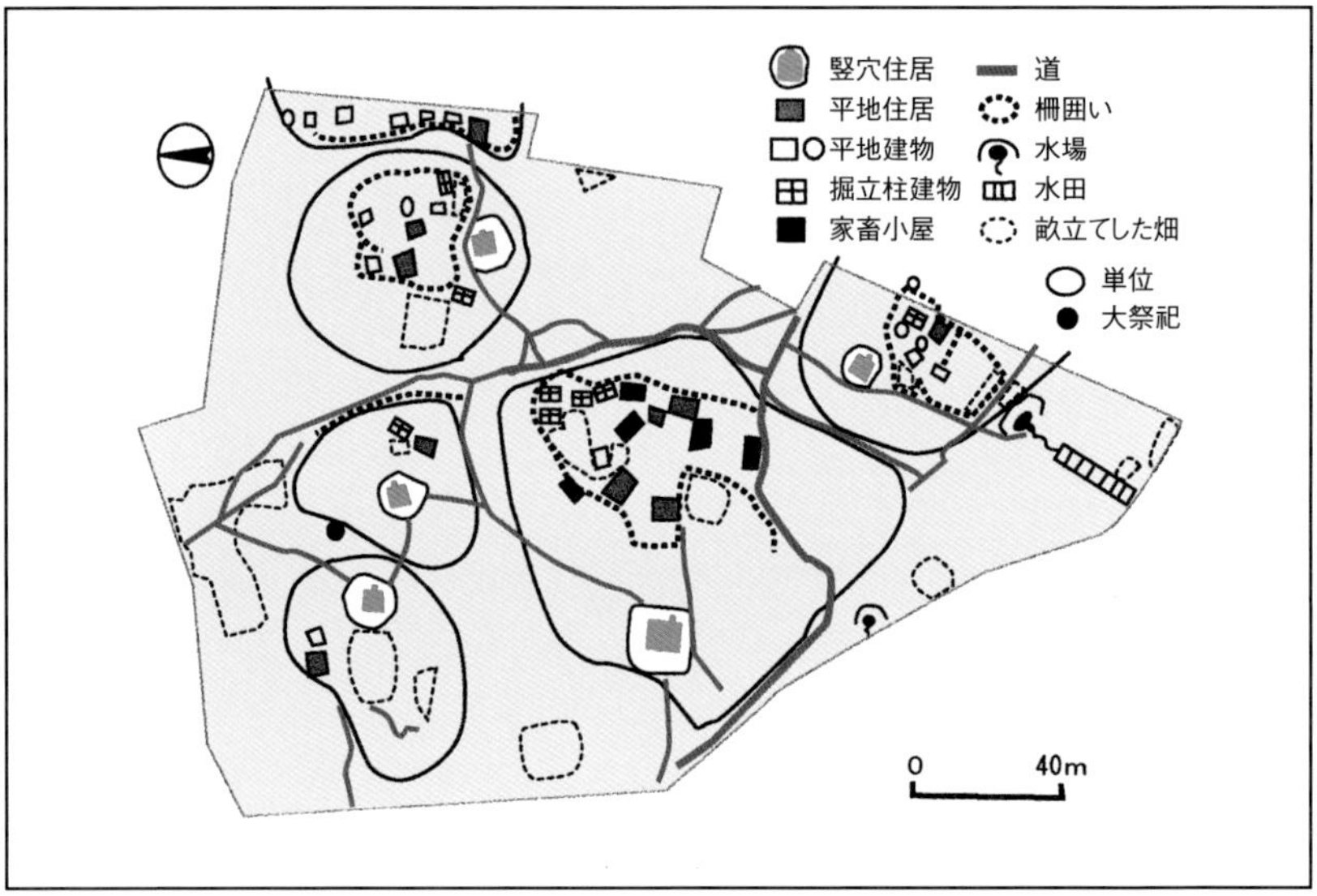

図67 ● 黒井峯遺跡（渋川市）における集落構造
いくつもの単位（世帯）が集合している。
各単位には多数の建物や畑がともなう。

と思われる。

このように古墳時代の農民層は、世帯を核としてゆるやかな自立性を保持し、経営活動や造墓活動においても相応の主体性を有していたイメージが喚起されるのである。

神マツリの諸相　ムラの中には、完全な土器を据え置いた場所が各所にある。土器は土師器の坏を中心として甕や壺を含む場合があり、集積される数も数個から数千個におよぶ事例がある。その場所は、ムラの広場的な空間、道の交差部、樹木の下、水場、畑、水田、柵囲いの単位の中の一角など多様である。

これらは神マツリの痕跡であり、ムラビトがさまざまな場所や対象に向けて祭祀を執行したと考えられるのである。三ツ寺Ⅰ遺跡の中でも石製品の分布から大小の祭祀の連鎖を想定したが、古墳時代の首長も民衆も多様な神マツリによってその行動様式が規定されていたように思われる。八百万《やおよろず》の神の原像がここに垣間見える。

群集墳の成立　列島内では、五世紀後半から「群集墳」が発達をみせる。それは小型古墳が一定エリア内に連綿と築かれるものである。群集墳の出現は榛名山麓でも明瞭に認められる。

保渡田古墳群周辺では、前方後円墳↓帆立貝形古墳（大小）↓円墳（大小）↓円筒埴輪棺という墳墓の序列が確認でき、高崎市

図68 ● 世帯と思しき単位の復元模型
左下の大きな建物が竪穴住居。
（かみつけの里博物館蔵）

情報団地遺跡においても帆立貝形古墳→円墳という階層性が認められた。

これは、小なりといえども古墳を造営できる階層が何ランクかに重層して成長してきたことを示している。集落遺跡の居住単位に反映されるような世帯の形成と家長層の成長、農民層以外の職業集団の萌芽、それらが一定の経営単位として活動をおこないつつ首長の政治機構を支えたものであろう。

そうした社会構造の複層化と、経営単位としての血族集団の形成が、群集墳の造営に反映していると考えられる。

三ツ寺I遺跡の首長をはじめとする山麓の首長らが経済的飛躍をなしえたのは、こうした下部集団編成の充実も大きな要因の一つではなかろうか。

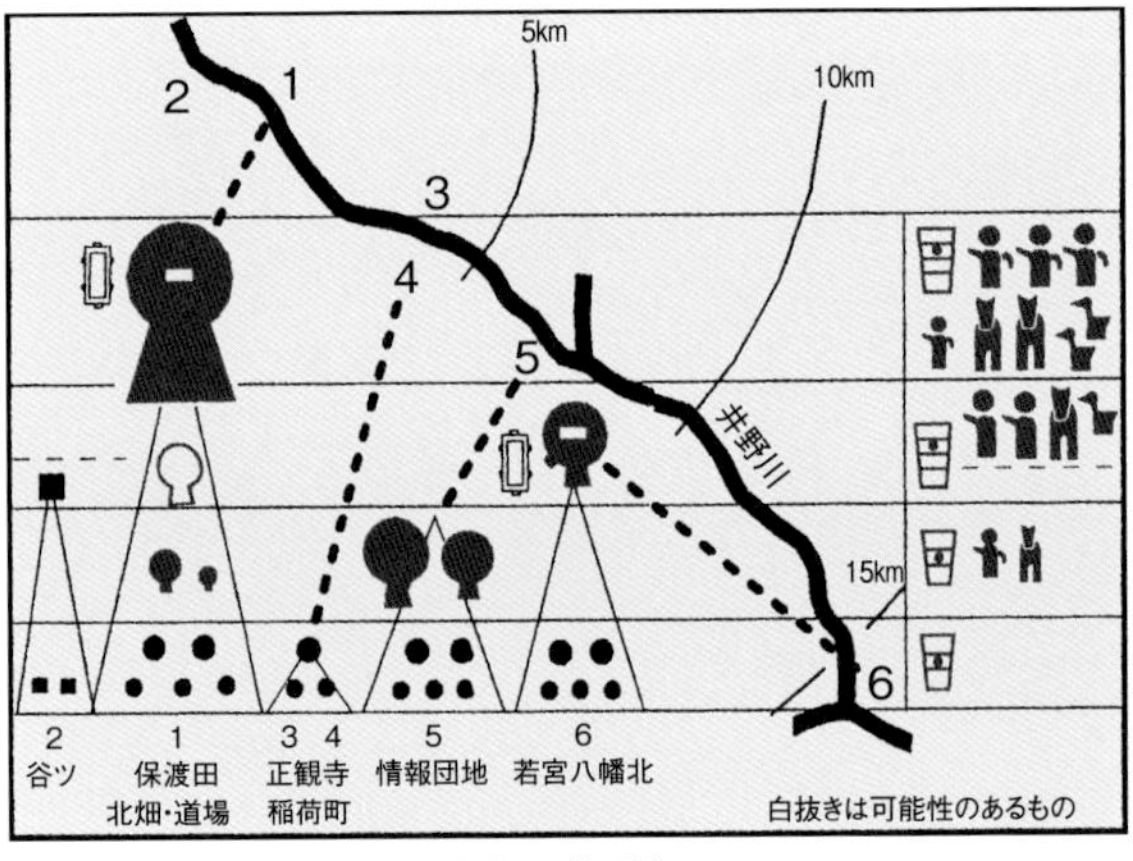

図69 ● 井野川流域の古墳の階層性
墳形・規模・石棺・埴輪などの装備がきれいに階層化している。1保渡田古墳群と6若宮八幡北古墳が石棺をもつ上位層。

第6章　三ツ寺Ⅰ遺跡の首長像

三ツ寺Ⅰ遺跡の成立意義

これまでに明らかにしてきたように、三ツ寺Ⅰ遺跡とは、新しい農業政策および高付加価値型産業の振興を政治目的に掲げた榛名山麓の首長が、その実現のために設けた象徴的な政治・祭祀拠点であった。政策実現にもっとも適した榛名山の山裾に、地域集団の多くを率いて拠点移動し、この施設を造営したのである。

また、政策推進のために渡来人技術者集団を招致した首長は、三ツ寺Ⅰ遺跡に農業土木技術を投入し、農業儀礼の核である水の祭祀を演出するための構造をそこに付与した。この施設の造営によって集団意識が結集され、政治的・宗教的シンボルとして高い効果を発揮したと思われる。そこでおこなわれた諸儀礼は、保渡田古墳群の埴輪世界に表出している。

上毛野地域の首長の性格

こうした政治方針は何もこの地域だけのものではなく、列島各地の有力首長によって試行されていたことが、井泉・導水祭祀遺構やそれを造形した埴輪の出土から明らかである。なかでも東日本においては、三ツ寺Ⅰ遺跡の首長を核とする上毛野の首長たちが、東アジア情勢やヤマト王権の動静に敏感であり、渡来人技術者たちを招致できるだけの政治的蓄積を保有していたのであろう。『日本書紀』の中には、上毛野氏および上毛野氏の始祖が王権の用務によって朝鮮半島との外交・軍事に携わった記事が数多く掲載されている。上毛野氏の始祖が新羅の四邑《しゆう》の民を連れ帰ったという『日本書紀』の伝承や、渡来系の文官氏族である田辺史《たなべのふひと》氏《し》が奈良時代に進んで上毛野氏へと姓をあらためる事実などをみても、上毛野の政治勢力が東アジアや渡来集団と深くつながっていたことが推測される。榛名山麓で生まれた首長の子弟が、ヤマト王権中枢や朝鮮半島において活動した可能性はきわめて現実性を帯びていると考えられるのである。

三ツ寺Ⅰ遺跡と車持氏　なお、前沢和之は三ツ寺Ⅰ遺跡の主を、上毛野氏と祖先を同じくした氏族である車持《くるまもち》氏《し》（車持君《きみ》）ではないかと推論している。根拠となる在地資料として、七世紀に榛名山東南麓が「車評」と称され、地域の古社に車持明神などが見えることをあげている。同様に中央の文献資料からは、車持氏が上毛野氏同祖氏族

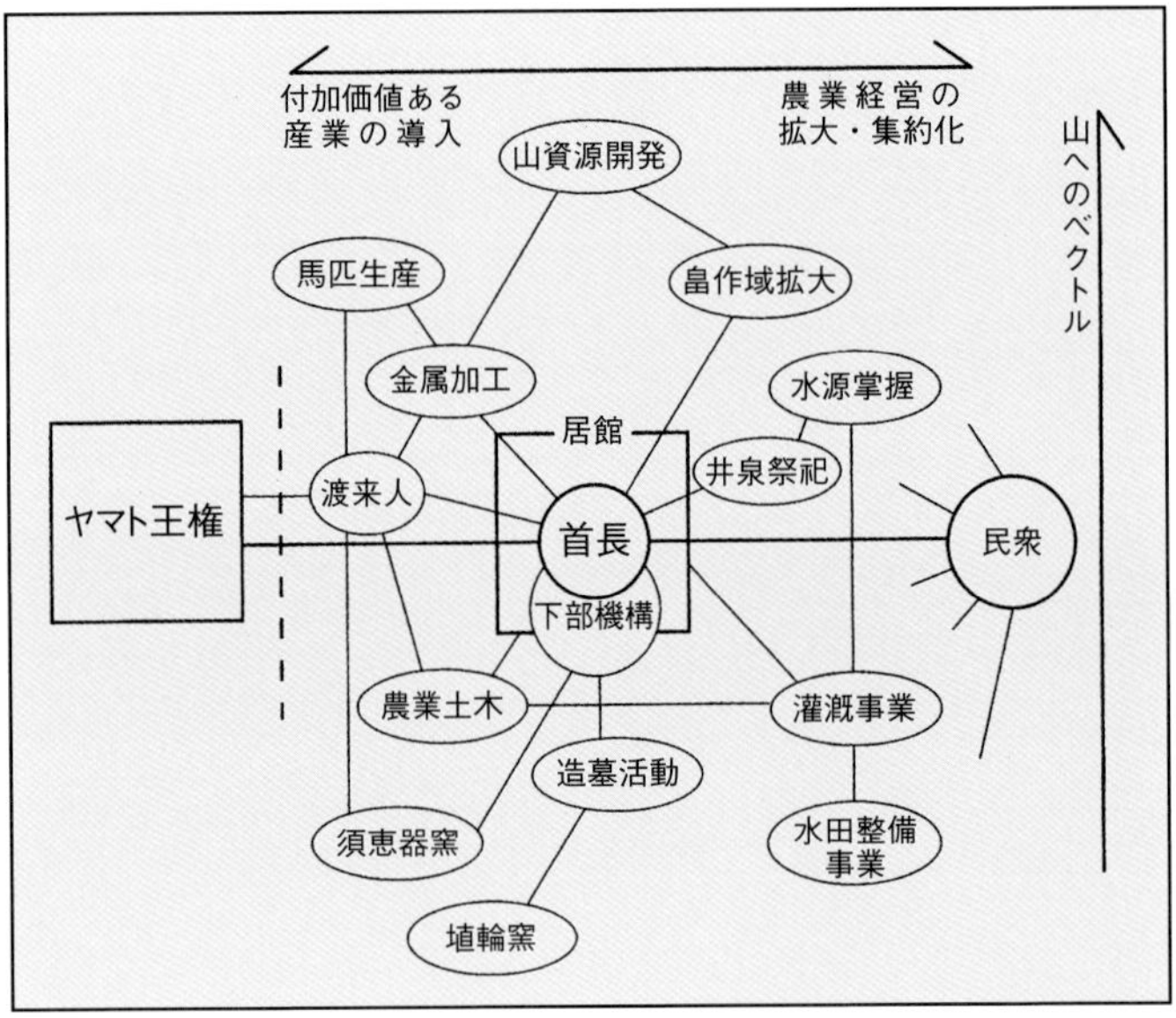

図70●三ツ寺Ⅰ遺跡の首長による地域経営モデル

であること、君姓をもつ地方氏族であること、地方氏族としてはめずらしく職名を冠する負名《おうな》氏族であり、古くにヤマト王権に組み込まれた一団であること、雄略天皇に乗輿《じょうよ》を献じた功により車持の姓を賜ったという賜姓《しせい》伝承を有する（『新撰姓氏録』）ことなどをあげる。

こうした点から、雄略期の上毛野領域においてもっともヤマト王権と密接だったであろう三ツ寺Ⅰ遺跡の首長を、車持氏（またはその前身）であるとし、後に榛名山東南麓に「車」の地名が残されたと論断されるのである。

『日本書紀』履中紀には、九州の筑紫に赴いた車持氏が専横なふるまいをおこなう記事があり、ヤマト王権において一定の力を有していたことを推定させる。また、律令期には天皇の即位儀である大嘗祭《だいじょうさい》に供奉する職を世襲する内廷氏族になっていくという。

余談ではあるが、平安時代に摂関家として権勢を振う藤原氏の初代である鎌足の妻は、車持氏の娘であった。その間に生まれた子で奈良時代の大政治家となる藤原不比等《ふひと》は、幼年期に田辺史氏に養育されたという。ここでも、渡来系氏族と上毛野氏系氏族の関係が注意される。

かかる問題にはこれ以上立ち入らないが、三ツ寺Ⅰ遺跡と古代氏族を結びつける前沢和之の仮説は、日本史の中に地域社会を生き生きと位置づけるものとして注視されよう。

もう一つの居館、北谷遺跡

二〇〇〇年、三ツ寺Ⅰ遺跡のある群馬県高崎市でもうひとつの首長居館が発見され、北谷《きたやつ》遺跡と命名された。調査の結果、細部を除けば三ツ寺Ⅰ遺跡とほぼ同規模・同規格の構造であること、榛名山の噴火を下限として廃絶しているらしいことが判明した。

北谷遺跡は、三ツ寺Ｉ遺跡から北東に三キロ離れた染谷川水系にあり、榛名山東南麓の湧水地帯（所在地の町名は冷水《ひやみず》）に選地している。湧水起源の二本の谷に挟まれた台地を、二つの濠（幅三〇メートル、深さ三メートル）で掘り割り、その中に盛土と石積みをともなった九〇メートル四方の郭を造り出したものである。三ツ寺Ｉ遺跡と同様、複数の張出施設を装備し、濠の外側には幅二〇メートルの外堤も存在した。

湧水地に立地する原理は三ツ寺Ｉ遺跡とまったく同じであり、周囲の諏訪西遺跡・西国分遺跡・後疋間《うしろひきま》遺跡・冷水村東遺跡などの集落遺跡が五世紀後半をもって形成をはじめる点も似ている。したがって、三ツ寺Ｉ遺跡と同じ成立動機をもった政治・祭祀拠点であるといえよう。

その成立にあたっては、三ツ寺Ｉ遺跡の機能

図71 ● 高崎市北谷遺跡
細い道路と住宅に挟まれた方形部が館の郭部分。

が移転したものであるか、別系統の首長が三ツ寺Ｉ遺跡の設計理念を共有して築造したのかが注目される。筆者は北谷遺跡の周辺ブロックに、五世紀末葉からはじまり七世紀には三基の大型方墳（截石切組積《きりいしきりくみづみ》石室・家形石棺を装備）が築造される総社《そうじゃ》古墳群や、東日本を代表する初期寺院である山王廃寺《さんのうはいじ》が成立していること、近隣ブロックに律令期の上野国分二寺や上野国庁が造営されることに注目する。本書の論旨からいえば、群馬郡域に並立した複数の首長系列のうち、三ツ寺Ｉ遺跡とは異なる系列の山麓開発拠点である可能性が高い。なお北谷遺跡は、二〇〇五年に国史跡となり、保存が決定している。

群馬のルーツとしての三ツ寺Ｉ遺跡

三ツ寺Ｉ遺跡の存在した榛名山東南麓地域は、七世紀に「車評」と称され、やがて八世

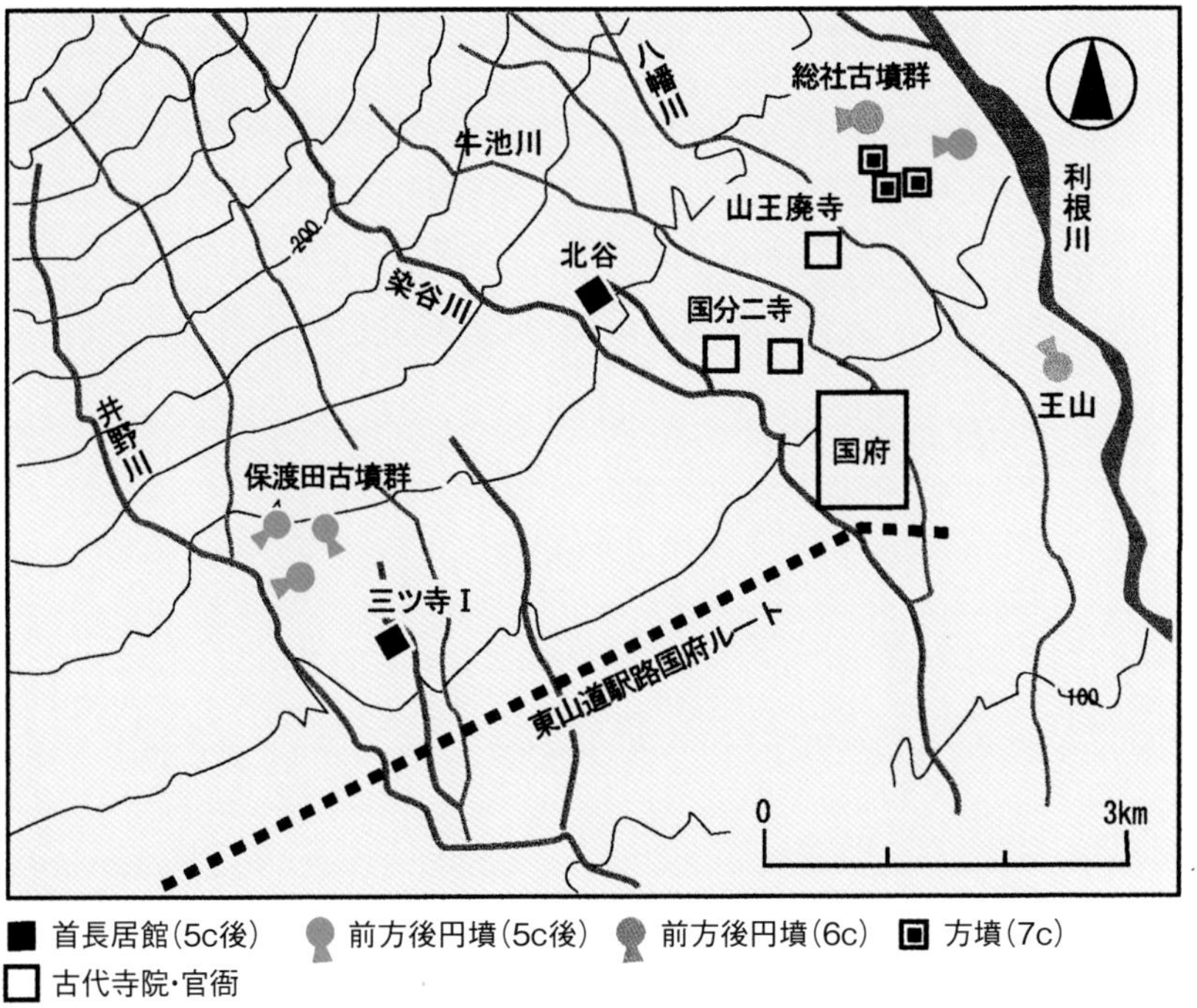

図72●北谷遺跡を中心とした遺跡配置図

紀初頭の郡郷名の二字改定令によってに「群馬郡」へと改称された。「群馬」の字をあてた理由は、文字どおりこの地域で国家財産としての馬が多く生産されていたからであろう。

馬の生産は律令国家の重要政策として推進されたが、結果、上野国には九つの官牧《かんまき》が設置され、列島有数の馬の産地となっていたのである。なかでも古代群馬郡におかれた官牧の比定地・推定地は、五世紀の渡来文物集中地域に合致している。おそらく三ツ寺Ｉ遺跡の首長ら榛名山東南麓の政治勢力の設置した牧が、生産の礎を築いたのである。

群馬郡の名称は古代から現在まで継続しているが、明治期にはついに県名にも採用された。ところで平安時代の地名辞典である『倭名類聚鈔《わみょうるいじゅしょう》』をみると、「群馬」の読みとして「久留《くる》末《ま》」という注記がなされている。また中世・近世・近代初期にも群馬郡を「車郡」と表記する資料が見出せている。したがって、明治期までは「群馬」を「クルマ」と読んでいたと推定される。

こうしてみると「群馬」の起源、「クルマ」の起源は、ともに三ツ寺Ｉ遺跡の首長らの地域経営活動にあると言いかえられる。三ツ寺Ｉ遺跡こそまさに「群馬」のルーツであったのである。古墳時代首長が、地域経営の一環として導入した馬生産の成功。それが現在の県名として命脈を保っていることにある種の感銘を覚えざるをえない。古墳時代と現在は、遠くても固い絆で結ばれているのである。

あとがき

発掘から経ること半世紀あまり。現在の三ツ寺Ⅰ遺跡は、上越新幹線および県道に分断された無残な姿を呈している。地表には発掘時の興奮を伝える何ものも残されてはいない。わずかに説明板と、内郭の高まりを示す段差が見られるにすぎない。遺跡はさまざまな事情のもとに、いまだ指定措置すらとられていない状況にある。

ズタズタに切り裂かれたとはいえ、三ツ寺Ⅰ遺跡の四分の三は調査もされないまま、いまでも地中に眠っている。歴史学界に広くその名を知られ、幾多の教科書にもとり上げられているこの遺跡を、このまま開発にまかせてはならないことは明らかだ。郷土の形成史を語る重要な歴史資産として、さらには広く日本を代表する遺跡のひとつとして、県民・国民の良識をもって後世に伝えなくてはならない。

この遺跡の歴史的価値を人びとが再認識するために、本書がささやかな一助となればこれに優る喜びはない。また、本書を調査主任であった故下城正氏のご霊前に捧げたい。

博物館紹介

かみつけの里博物館

- 群馬県高崎市井出町1514番地
- 027（373）8880
- 9：30 ～ 17：00（入館は16：30まで）
- 休館日　毎週火曜日（祝日の場合は翌日）、年末年始（12月28日から1月4日）
- 一般200円、高校生・大学生100円、中学生以下と満65歳以上は無料
- 市内循環バスぐるりん大八木線（北高先回り）、JR高崎駅西口9番のりば、「井出町西」下車、徒歩約10分。関越交通バス（土屋文明文学館行き）JR前橋駅5番のりば、「かみつけの里博物館前」下車、徒歩約1分。車で前橋ICから約15分。

保渡田古墳群（国史跡）を核とする「上毛野はにわの里公園」の中にあり、常設展示では、榛名山麓の古代文化を9つのコーナーで、遺物やビジュアルな模型群により解説している。館に隣接する八幡塚古墳は古代の姿に復元整備され、頂上からは内部に降り、石棺を見ることができる。

参考文献

青柳泰介　二〇〇三「導水施設考」『古代学研究』一六〇　古代学研究会
阿部義平　一九九〇「宮殿と豪族居館」『古墳時代の研究』二　雄山閣
石井克巳　一九九〇『黒井峯遺跡発掘調査報告書』子持村教育委員会
石井克巳・梅澤重昭　一九九四『黒井峯遺跡』読売新聞社
梅澤重昭　一九九〇「毛野地域圏の発展」『群馬県史　通史編1』群馬県
大平　聡　一九九一「古代史からみた豪族居館」『季刊考古学』三六　雄山閣
小笠原好彦　二〇〇二「首長居館遺跡からみた家屋文鏡と囲形埴輪」『日本考古学』一三　日本考古学協会
黒崎　直　一九九九「古墳時代のカワヤとウブヤ」『考古学研究』四五―四　考古学研究会
黒田　晃　二〇〇一『剣崎長瀞西遺跡1』高崎市教育委員会
群馬県立歴史博物館　一九八八『古代東国の王者』
後藤守一　一九三三『上野国佐波郡赤堀村今井茶臼山古墳』帝室博物館学報第六冊
小林良光　一九九三『中筋遺跡第七次発掘調査報告書』渋川市教育委員会
近藤義郎（編）一九九一〜一九九二・一九九四『前方後円墳集成』全5巻　山川出版社
斉藤英敏　二〇〇一「小区画水田・極小区画水田の構造」『研究紀要』一九　群馬県埋蔵文化財調査事業団
坂口　一　一九九〇「五世紀代における集落の拡大現象」『古代文化』四二　古代学協会
坂本和俊　一九九一「三ツ寺I遺跡の祭祀儀礼の復元」『群馬考古学手帳』二　群馬土器観会
下城正・女屋和志雄他　一九八八『三ツ寺I遺跡』群馬県埋蔵文化財調査事業団
白石太一郎　二〇〇三「首長の水のマツリ」『日本の歴史』週刊朝日百科三八　朝日新聞社
関晴彦他　一九九一『三ツ寺II遺跡』群馬県埋蔵文化財調査事業団
早田　勉　一九九〇「火山噴火と火山災害」『群馬県史　通史編1』群馬県
高井佳弘他　一九九六『白井北中道2遺跡・吹屋犬子塚遺跡・吹屋中原遺跡』群馬県埋蔵文化財調査事業団
辰巳和弘　一九九〇『高殿の古代学』白水社

辰巳和弘　一九九八「古墳時代首長祭儀の空間について」『古代学研究』一四一　古代学研究会
田中広明・福田聖　一九九九「遺物からみた豪族居館」『東国土器研究』五
土屋隆史　二〇一八『古墳時代の日朝交流と金工品』雄山閣
寺沢　薫　一九九八「古墳時代の首長居館」『古代学研究』一四一　古代学研究会
田辺芳昭　二〇〇一「群馬町北谷遺跡の調査」『群馬文化』二六七　群馬県地域文化研究協議会
田村　孝　一九九四『浜川芦田貝戸遺跡Ⅲ』高崎市教育委員会
都出比呂志　一九九三「古墳時代首長の政治拠点」『論苑考古学』坪井清足さんの古希を祝う会
都出比呂志　一九九三「古墳時代の豪族の居館」『岩波講座日本通史』第二巻
徳江秀夫　一九九二「上野地域の舟形石棺」『古代学研究』一二七　古代学研究会
中澤貞治　一九八八『原之城遺跡発掘調査報告書』伊勢崎市教育委員会
能登　健　一九九〇「三ツ寺Ｉ遺跡の成立とその背景」『古代文化』四二　古代学協会
橋本博文・加部二生　一九九四「上野」『前方後円墳集成　東北・関東編』山川出版社
橋本博文　一九八五「古墳時代首長層居宅の構造とその性格」『古代探叢Ⅱ』早稲田大学
橋本博文　一九九九「上野の積石塚再論」『東国の積石塚古墳』山梨県考古学協会
土生田純之・松尾昌彦他　二〇〇三『剣崎長瀞西5・27・35号墳』専修大学考古学研究室
坂靖・青柳泰介　一九九五『井戸遺跡・南郷（丸山・大東）遺跡発掘調査概報』奈良県立橿原考古学研究所
坂　靖　一九九八「古墳時代の階層別に見た居宅」『古代学研究』一四一　古代学研究会
東日本埋蔵文化財研究会　一九九八『古墳時代の豪族居館をめぐる諸問題』
菱田哲郎・高橋克壽一九九七『行者塚古墳発掘調査概報』加古川市教育委員会
広瀬和雄　一九八三「古代の開発」『考古学研究』三〇―二　考古学研究会
広瀬和雄　一九九一「土木技術」『古墳時代の研究』五　雄山閣
広瀬和雄　一九九五「古墳時代首長居館論」『展望考古学』考古学研究会
福嶋正史　二〇〇〇『新田東部遺跡群Ⅱ』新田町教育委員会
福田哲也他　二〇〇一『松阪宝塚1号墳調査概報』松阪市教育委員会

穂積裕昌　一九九二『城之越遺跡』三重県埋蔵文化財センター
穂積裕昌　一九九六「六大A遺跡」『一般国道23号　中勢道路　埋蔵文化財発掘調査概報Ⅷ』三重県埋蔵文化財センター
穂積裕昌　二〇一二『古墳時代の喪葬と祭祀』雄山閣
前沢和之　一九八八「三ツ寺I遺跡の性格と意義」『三ツ寺I遺跡』群馬県埋蔵文化財調査事業団
前沢和之　一九九一「上野の豪族と居館」『季刊考古学』三六　雄山閣
右島和夫　一九九〇「古墳からみた5・6世紀の上野地域」『古代文化』四二—七　古代学協会
右島和夫　二〇〇〇「保渡田古墳群—古墳群の継続と断絶」『季刊考古学』七一　雄山閣
柳沢一男　二〇〇一「全南地方の栄山江型横穴式石室の系譜と前方後円墳」『朝鮮学報』一七九
吉田　晶　一九八一『日本古代村落史序説』塙書房
若狭　徹　一九九〇「群馬県における弥生土器の崩壊過程」『群馬考古学手帳』一　群馬土器観会
若狭　徹　一九九五「上野西部における五世紀後半の首長墓系列」『群馬考古学手帳』五　群馬土器観会
若狭　徹　一九九九『よみがえる五世紀の世界』常設展示解説書　かみつけの里博物館
若狭　徹　二〇〇〇「人物埴輪再考」『保渡田八幡塚古墳』群馬町教育委員会
若狭徹他　二〇〇一『グンマはクルマから始まった』第九回特別展　かみつけの里博物館
若狭　徹　二〇〇二「古墳時代の地域経営」『考古学研究』四九—二　考古学研究会
若狭　徹　二〇〇七『古墳時代の水利社会研究』学生社
若狭　徹　二〇一一『古墳時代東国の地域経営』吉川弘文館

写真提供

群馬県埋蔵文化財調査事業団　図3・4・5・6・9・13・14・15・16・18・19・21・23・24・29・31・33・34⑨〜⑬・37・39・40・50・56
高崎市教育委員会　図49・51・53・54・57
高崎市教育委員会（かみつけの里博物館）図1・8・12・22・32・34①〜⑧⑭・35・36・38・47・52・60・

61・65・66・68・71
奈良県立橿原考古学研究所　図42
松阪市教育委員会　図45・46

図の出典

●若狭作成　図2・7・10・55・62・63・72（55は田口一郎の指導による）●若狭二〇〇二「古墳時代の地域経営」より　図48・58・59・69・70　●若狭二〇〇〇「人物埴輪再考」より　図64　●下城他一九八八『三ツ寺Ⅰ遺跡』所収図を改変　図11・17・20・25・26・30　●石井一九九〇『黒井峯遺跡発掘調査報告』所収図を改変　図67　●福田二〇〇一『松阪宝塚1号墳』所収図を改変　図44　●福嶋二〇〇〇『新田東部遺跡群Ⅱ』所収図を改変　図41　●下城一九八八『三ツ寺Ⅰ遺跡』、坂・青柳一九九五『井戸遺跡・南郷（丸山・大東）遺跡』、穂積一九九二『城之越遺跡』所収図を改変　図43　●下城一九八八『三ツ寺Ⅰ遺跡』、中沢一九八八『原之城遺跡』所収図を改変　図28　●辰巳一九九〇『高殿の古代学』より　図27

協力者

石川日出志・石井克巳・梅澤重昭・大塚初重（故人）・女屋和志雄・小林三郎（故人）・坂口一・桜岡正信・下城正（故人）・清水豊・白石太一郎・関口功一・高島英之・田口一郎・戸沢充則（故人）・外山政子・新納泉・能登健・深澤敦仁・前沢和之・右島和夫・吉田晶（故人）・かみつけの里博物館・群馬県教育委員会・群馬県埋蔵文化財調査事業団・高崎市教育委員会・松阪市教育委員会・奈良県立橿原考古学研究所

遺跡には感動がある

――シリーズ「遺跡を学ぶ」刊行にあたって――

「遺跡には感動がある」。これが本企画のキーワードです。

あらためていうまでもなく、専門の研究者にとっては遺跡の発掘こそ考古学の基礎をなす基本的な手段です。また、はじめて考古学を学ぶ若い学生や一般の人びとにとって「遺跡は教室」です。

日本考古学では、もうかなり長期間にわたって、発掘・発見ブームが続いています。そして、毎年厖大な数の発掘調査報告書が、主として開発のための事前発掘を担当する埋蔵文化財行政機関や地方自治体などによって刊行されています。そこには専門研究者でさえ完全には把握できないほどの情報や記録が満ちあふれています。しかし、その遺跡の発掘によってどんな学問的成果が得られたのか、その遺跡やそこから出た文化財が古い時代の歴史を知るためにいかなる意義をもつのかなどといった点を、莫大な記述・記録の中から読みとることははなはだ困難です。ましてや、考古学に関心をもつ一般の社会人にとっては、刊行部数が少なく、数があっても高価なその報告書を手にすることすら、ほとんど困難といってよい状況です。

いま日本考古学は過多ともいえる資料と情報量の中で、考古学とはどんな学問か、また遺跡の発掘から何を求め、何を明らかにすべきかといった「哲学」と「指針」が必要な時期にいたっていると認識します。

本企画は「遺跡には感動がある」をキーワードとして、発掘の原点から考古学の本質を問い続ける試みとして、日本考古学が存続する限り、永く継続すべき企画と決意しています。いまや、考古学にすべての人びとの感動を引きつけることが、日本考古学の存立基盤を固めるために、欠かせない努力目標の一つです。必ずや研究者のみならず、多くの市民の共感をいただけるものと信じて疑いません。

二〇〇四年一月

戸沢充則

著者紹介

若狭　徹（わかさ・とおる）

1962年、群馬県生まれ。

明治大学文学部史学地理学科考古学専攻卒業。

旧群馬町教育委員会で埋蔵文化財行政、国史跡保渡田古墳群の整備、かみつけの里博物館の建設・運営に携わる。高崎市教育委員会文化財保護課長を経て、現在、明治大学文学部教授。博士（史学）。

濱田青陵賞、藤森栄一賞、古代歴史文化賞を受賞。

主な著作　『古墳時代東国の地域経営』『前方後円墳と東国社会』『東国から読み解く古墳時代』（吉川弘文館）、『埴輪―古代の証言者たち』（角川ソフィア文庫）、『埴輪は語る』（ちくま新書）、『ビジュアル版　古墳時代ガイドブック』（新泉社）、『もっと知りたいはにわの世界』（東京美術）ほか。


シリーズ「遺跡を学ぶ」003

〈改訂版〉古墳時代の地域社会復元　三ツ寺Ⅰ遺跡

2004年　2月 15日　第１版第１刷発行
2023年　9月 25日　改訂版第１刷発行

著　者＝若狭　徹
発　行＝新 泉 社
東京都文京区湯島１－２－５　聖堂前ビル
TEL 03（5296）9620 ／ FAX 03（5296）9621
印刷／三秀舎　製本／榎本製本

ISBN978−4−7877−2240−9　C1021

シリーズ「遺跡を学ぶ」